企业管理者对员工创意的识别、评估与采纳意愿研究

QIYE GUANLIZHE DUI YUANGONG CHUANGYI DE
SHIBIE PINGGU YU CAINA YIYUAN YANJIU

▌温敏瑢　著▌

九 州 出 版 社
JIUZHOUPRESS

图书在版编目（CIP）数据

企业管理者对员工创意的识别、评估与采纳意愿研究 /
温敏瑢著 . -- 北京 ：九州出版社，2024. 8. -- ISBN
978-7-5225-3320-9

Ⅰ . F272.9

中国国家版本馆 CIP 数据核字第 2024KZ3239 号

企业管理者对员工创意的识别、评估与采纳意愿研究

作　　者　温敏瑢 著

责任编辑　陈春玲

出版发行　九州出版社

地　　址　北京市西城区阜外大街甲 35 号 （100037）

发行电话　（010）68992190/3/5/6

网　　址　www.jiuzhoupress.com

印　　刷　武汉市籍缘印刷厂

开　　本　710 毫米 ×1000 毫米　16 开

印　　张　14.25

字　　数　210 千字

版　　次　2024 年 8 月第 1 版

印　　次　2024 年 8 月第 1 次印刷

书　　号　ISBN 978-7-5225-3320-9

定　　价　68.00 元

　　本著作系国家自然科学基金青年项目"管理者对员工创意认知困境影响因素与形成机理研究"（项目编号：72304067）的研究成果。同时，本著作的出版也获得该项目以及佛山大学科技处高层次人才、岭南学者科研启动费（项目编号：CGZ07001）的资助。

前　言 |

员工创意是企业保持创新活力和获得长期竞争优势的源泉，越来越多的企业采取多种方式积极引导和推动员工创意的产生，如谷歌提供员工"20%创新时间"，催生了 AdSense、Gmail、谷歌新闻和 GTalk 等独创性产品；3M公司制定 15% 规则和反对者举证制，由此孕育了便利贴、隔离胶带、无纺技术等著名产品；亚马逊提供越级审批制度，旨在充分支持和保护新颖性创意。然而，现实情形中众多创意想法遭受管理者的怀疑和拒绝，创意采纳率很低。如 2008—2015 年间安利公司员工创意平台的创意采纳率仅为 2.5%；英特尔 2015 年成立内部创新平台五年的孵化率仅有 0.8%；2018 年日本企业管理顾问大前研一通过调研指出，创意采纳率在日本仅为 0.1% ~ 0.3%；2021 年美的美云智数科技明星兼研发经理指出，在美的这个比例是 0.1%。

为何管理者渴求又往往拒绝员工创意？在创意筛选过程中，管理者是如何识别、评估及最终做出采纳决策的呢？为解答上述问题，本书基于"变异—选择—保留"（VSR）理论框架，以创意新颖性刻画新想法与组织常规项目而言的"异变"程度，系统分析创意识别过程中，管理者对新颖性的认知困境和选择障碍；以管理者认知展现决策者对创意的"选择"过程，全面挖掘创意评估过程中，管理者评价、筛选新想法的复杂和矛盾心态；以创意采纳刻画管理者保留创意项目的意愿和水平。通过挖掘影响创意采纳的关键要素和行为，寻求提高采纳率的有效路径和方法。

对于如何提高创意采纳率的问题，现有研究或从创意供给方出发，强调创意质量和员工主动性行为的积极作用；或从创意需求方出发，强调管理者存在路径依赖和有限理性的决策偏好。少有研究同时考虑供需双方的特点和行为，从互动的视角探寻影响创意采纳意愿的关键路径和核心机理。本书在弥补上述理论不足的基础上，关注并期望解决如下问题：第一，员工创意供需双方的不平衡是什么导致的？第二，管理者对创意既渴求又拒绝的矛盾心态的核心机理是什么？第三，在员工与管理者的互动过程中，有什么办法可以缓解这些不平衡和矛盾？

为剖析上述问题，首先，本书在文献梳理和多案例研究的基础上，深入探讨了不同情境下，创意新颖性、管理者认知、创意倡导对创意采纳的差异化影响结果，并初步归纳出可能的作用机制和影响路径。其次，在结合现有理论的基础上，逻辑推导出员工创意新颖性、管理者认知、创意倡导与创意采纳的关系，认为创意新颖性与管理者认知、创意采纳之间存在着对应性匹配的设想，以及创意倡导对新颖性与管理者认知、新颖性与创意采纳之间关系的调节作用等研究假设。最后，本书以科技创新企业中的员工及其管理者为研究对象，以最终成功回收并配对的 51 份领导和 267 份员工的有效问卷为样本，运用跨层次结构方程模型的方法验证了相关研究假设。

基于上述研究工作，本书的主要结论和贡献如下：

第一，员工与管理者的价值认知差异是造成创意供需不平衡的核心原因。新颖性和创造力往往是员工认为能为组织带来竞争优势的核心内容，而管理者基于主导逻辑和路径依赖，更关注与组织战略目标一致的项目。因此，于管理者而言，创意新颖性并非"多多益善"，随着新颖性程度的加剧，不确定性和风险性的负面影响持续增长，新颖性与管理者采纳之间呈现倒 U 型关系。本研究从角色差异的角度解释了以往研究呈现结果不一致的原因，有助于更加全面地挖掘和理解创意采纳率低的深层次原因。

第二，竞争性和可行性认知是管理者感知创意价值并影响最终决策意愿的核心对抗机制，管理者对创意既渴求又拒绝的矛盾心态亦根源于此。本书跳出了已有从线性关系或单一机制探讨创意新颖性与采纳意愿之间影响关系的思路，在深化管理者认知的合理性结构维度基础上，剖析并指出创意新颖性与创意采纳之间呈现倒 U 型关系的核心原因。

第三，已有研究在管理者为何容易拒绝新颖性创意方面已获得较多成果，大部分文献均围绕着主效应及中介机制展开探讨，但对边界条件的探索非常有限。为响应学者号召学术界关注员工主动性行为对创新过程的影响作用（Yuel，2008；Parker，2006），本书探索并发现员工的倡导行为在影响管理者认知和采纳创意过程中有显著的正向强化作用，能有效提升管理者对创意的接纳度和容忍度。但不同倡导行为有不同的适用阶段，员工在发挥主动性倡导创意的同时，必须注重方式方法和时机。

本书的撰写得到华南理工大学朱桂龙教授的悉心指导，在此特别鸣谢。本书的出版得到佛山大学经济管理学院（质量与标准化学院），以及广东省社会科学研究基地创新与经济转型升级研究中心的大力支持，同时受到国家自然科学基金（项目编号：72304067）以及佛山大学科技处科研启动经费（项目编号：CGZ07001）的资助，在此一并表示感谢。

目录 |

第一章　绪　论

一、研究背景及问题提出

（一）现实背景

1. 创意是创新之源，为何创意采纳率却非常低？

创新是提高企业绩效和维系竞争优势的关键所在，是关系企业生存与发展的力量之源。企业强调并追求产品创新，渴望创新为他们占领并赢得商业成功（Tushman and Nadler，1986）。在日益激烈的竞争中，能否看到市场机会并生产出满足这些需求的创新产品是每个企业面临的核心挑战。创新成果的诞生源于创意的产生，创意是组织创新的重要前提和知识基础。佛罗里达指出，21 世纪人类已经进入创意经济时代，2012 年麦肯锡全球调查结果显示，70% 的企业领导人皆认同创意是推动企业增长的重中之重（Montag et al.，2012）。鉴于员工创意对激发企业活力和提升竞争力的重要战略意义，越来越多的企业采取多种方式积极引导和推动员工创意的产生。如 2000 年，日本汽车巨头丰田公司设置创意提案制度，获得来自员工的合理化建议 65 万条；2008 年至 2015 年间，安利（中国）建立的员工创意平台共收到超过 5 000 名员工的三万多条创意；2014 年，全球化学品供应商巴斯夫公司实行跨级、越级提议制度，落实员工创意 23 000 项，实现全球成本节约 5 300 万欧元；2019 年，食品饮料业巨头百事公司采纳 4 000 多个员工创意，创造出了 6 000 万元人民币的额外收益。

然而，研究者观察到一个普遍存在的现象，虽然越来越多的企业关注并通过各种渠道和措施激发创意，但绝大多数创意产生之后未能被管理者采纳或得到有效实施。如上述案例中，安利公司七年间的创意孵化率仅为2.5%；英特尔2015年成立内部创新平台孵化员工创意，但五年的孵化率仅有0.8%；2021年美的美云智数的科技明星兼研发经理指出，在美的这个比例是0.1%。不少企业调研结果也同样反映了类似的问题，据调查结果显示，从创意到创新的转化率仅为300∶1，即300个提交的创意当中，最终只有一个能成功商业化（Stevens and Barley，1997）。因而，探索何种条件下，一个有用的、新颖的创意会被接受和实施尤为重要。2018年，日本企业管理顾问大前研一在其演讲中说道："为了开展新业务，必须有数量庞大的新业务点子。在1个热门商品诞生前会经历各种各样的筛选过程，如点子阶段、评价阶段、开发阶段、市场营销阶段等。每个环节的提炼都会让可行的点子数量逐渐减少，从十分之三、百分之三，再到千分之三。"总之，"1000个点子中只有1个、顶多3个能成功"，这是业界常识，大企业往往是"斩杀"点子的机器。由此可见，创意转化为创新成果的转化率非常低，到底是何种原因导致了这一现象？是创新者的创意质量不高？还是管理者的创新意识和警觉性不够？哪些关键参与者和互动行为能有利于提高创意的采纳率？这一系列的问题都是本研究所关注的重点。

2. 管理者为何渴求却又往往拒绝新颖性程度高的创意？

越来越多的企业关注、提倡并积极采取多种形式激发和引导员工创新。如谷歌公司提供给员工20%的自由创新时间，百度拟定"蓝天计划"给予员工两周自主研发项目的时间，亚马逊给员工创新项目设立越级审批特权，丰田设置创意提案制度以提高员工创新的数量……一线员工由于贴近生产和市场需求，其创意对于企业创新发展至关重要，是企业汲取新思想、新技术的重要契机和来源。但是，实践中由于缺乏对创意过程的认知，企业没有建立起有效的员工创意筛选流程或制度规范。如1972年，施乐公司的员工艾伦·凯在施乐帕洛阿尔托研究中心（PARC）的计算机科学实验室会议（CSL）上首次提出了个人计算机的想法，但由于这与公司发展大型计算机的战略方向不符，遭到了经理的拒绝。随后艾伦和两位同事一同研究，运用公司分配给他们自由支配的研究资金，成功研发出个人计算机的原型。个人计算机样机一共生产了约 2 000 台，被广泛运用在各行各业，一些美国著名大学，例如MIT、斯坦福、哥伦比亚大学以及罗切斯特大学都收到施乐公司的捐赠品，受到了社会的赞誉。但管理者对其预期利润存在顾虑，最终还是拒绝了这一创意项目，在 1980 年时终止了 Alto 项目[①]。

又如柯达研究实验室的员工史蒂夫·萨森，在 1975 年发明了第一台数码相机，比索尼整整早了六年。当他将这一创意向管理者展示时，管理者认可了数码相机这一创意的新颖性和价值，但由于公司的主要战略方向是胶片市场，而这一创意产品并不需要胶片，不符合组织发展方向，因此，管理者并没有采纳他的创意并决定将其雪藏以免被竞争对手知晓。六年后，索尼把握了机遇，成为数码摄影领域的市场领导者。从上述案例不难看出，管理者对创意项目的评价和筛选过程对企业创新和发展至关重要，但现有企业实践中仍缺乏对员工创意筛选流程或指标的系统梳理和规范，更多依赖于管理者个人的经验和偏好。员工创新，尤其是突破性创新，它的竞争优势和潜在价值往往很难被识别，同时，管理者存在有限理性和路径依赖，容易错判和低估创意的创造力和竞争力水平。好的员工创意由于没有得到管理者的积极评价而被拒绝或雪藏的故事比比皆是。企业错失良机的故事让人叹息，管理者是如何评价和筛选创意的？如何才能让管理者看到创意的潜在价值，提高创意的采纳可能性呢？

3. 什么情况下，新颖性程度高的创意会被管理者认可和接纳呢？

谷歌员工塞巴斯蒂安·图伦发明了谷歌眼镜（Google Glass），声称其能存储个人经历并将其数字化，用设备替代大脑的部分功能。谷歌眼镜的早期原型就像是一个配有笔记本的潜水面具，重达 8 磅，并不具备商用和自用价

① Vinokurova N., Kapoor R. Converting inventions into innovations in large firms: How Inventors at xerox navigated the innovation process to commercialize their ideas[J]. *Social Science Electronic Publishing*, 2020（13）：2372—2399.

值。但谷歌 CEO 埃里克·施密特非常看重这一创意，认为谷歌眼镜是一种令人兴奋的新技术，为此大力开展相关的研发工作，为项目联系多个资深研究员和工程师。2012 年，谷歌眼镜首次对外公布，外界对此反应非常积极，《时代》杂志将其评为 2012 年最佳创新之一，还有人甚至认为谷歌眼镜会是超越 iPphone 的技术里程碑。虽然谷歌眼镜的项目最终以失败告终，但从案例中可见，谷歌对新颖性程度很高的创意是赞赏和给予支持的，同时，谷歌还采取多种措施，鼓励员工产生高新颖性的创意，如员工可以直接向任何公司领导人发送邮件（越级审批制度），使用 Google Moderator 创新管理工具挖掘更多有才华的员工，建立 Google Universal Ticketing Systems 渠道让员工提交任何创意想法，设立内部创新评估会议使部门创意能展现给高管，成立 GoogleX 实验室激励员工产生更具创造性的创意产品。

再如搜狗浏览器的案例，在搜狐公司凭借搜狗输入法获得竞争优势和业务增长点时，王小川却提出了开发浏览器项目的新想法。浏览器项目的技术和渠道要求与当下的输入法和搜索业务大不相同，虽有很大的市场潜力也面临高风险，加之张朝阳有开发搜狐浏览器的失败经历，这个提议遭到了张朝阳的拒绝。此后，王小川就读了清华大学的 EMBA 课程，表面上做的是 P2P 视频业务，实际上是利用这个机会组织高质量团队开发浏览器。针对以往浏览器开发的缺陷和问题，开发全新的功能，例如不卡不死，教育网加速等特色功能。在谷歌浏览器退出中国市场这个契机之下，王小川再次向张朝阳提出浏览器项目，并提出了"浏览器 + 输入法 + 搜索"三级火箭的盈利模式，最终，这一与组织当前主营业务不一致且具备高度新颖性的创意得到了管理者的认同和采纳。可见，在高创造性企业中的高管对新颖性创意的接纳度更高，同时，员工若能将创意与组织的主营业务方向和目标相结合，更能获得管理者的青睐，但这仅是部分案例展现的信息。究竟管理者对高度新颖性创意的态度是渴求还是避讳呢？管理者对这些创意的态度受到什么因素的影响？作为创新者，可以采取什么方式提高管理者的采纳意愿呢？现有研究对此又展开了何种探索呢？为解决上述问题，本研究对影响创意采纳的相关文献进行了系统的梳理和分析。

（二）理论背景

近年来，关于创意过程理论的不断发展和完善为本研究提供了坚实的理论基础和研究借鉴。总体而言，对于如何提高创意采纳可能性的已有研究基本上沿着两条主线进行：一是从员工角度出发，强调员工是创意过程中的想法供给者，要提高采纳率需通过从源头上更好地激发员工创新，提高员工创意的数量和质量水平（Gallupe et al.，1992）。二是从管理者角度出发，强调管理者是创意过程中的想法需求者和采纳决策者，通过了解管理者自身的特征、偏好、创造力水平、感知价值的方式以及决策机制，找寻影响管理者采纳意愿的关键因素和路径（Moreau，2001；Rosing et al.，2011；Molinsky et al.，2012）。

1. 主线一：基于创意供给方

主线一从创意供给方出发，强调创意本身的数量、质量以及创新者的特质是创意能否具备独特价值的核心体现，通过提升创意质量和创新者的创造力水平，提高创意的采纳可能性。目前，从创意供给方角度探讨如何提升创意采纳率的研究已获得丰硕的成果，学者们主要从四个方面展开讨论：一是关注创意数量，探索创意数量的提升对创意采纳率的影响。起初，学者们关注创意数量与采纳的影响，认为只要提高创意池的数量，采纳量会随之上升。但随着研究的深入，越来越多学者发现两者之间的关系并不像一开始认为的那样积极并显著（MacCrimmon and Wagner，1994；Da Silva and Oldham，2012），从企业实际经营过程中获得的数据也印证了这个问题。

二是关注创新者个人的特质对采纳的影响。例如，在个体特质方面，学者们关注创新者个人的思维方式、学习方式、动机、信任、自我效能感和网络特征对创意数量和质量的影响，进而影响采纳可能性。Clegg（2002）认为，直觉思维对其创意产生有重要作用，但系统思维则不然；不同的学习能力对创意产生不同的影响，如刘新梅（2015）指出，利用式学习对创意产生有正向影响，但探索式学习则只对创意实施有影响；不同的动机对创意产生不同的影响，如卢小君和张国梁（2007）在对391名员工的创新行为深度挖掘后发现，内部动机对创意产生有正向影响，但外部动机则没有显著的影响作用。

三是关注创新者的创造力水平对采纳的影响，即关注创新者个人或团队的创造力水平对采纳意愿的影响。如 Zhou 和 George（2001）实证研究证明拥有高创造力的员工，他们提出的创意想法更容易获得管理者的青睐和采纳。顾远东和彭纪生（2010）在此基础上基于中国情景，发现个体创造力以及创造力自我效能感对创意采纳有积极影响，但创造力往往不是影响采纳意愿的直接因素，更多是通过影响创意数量或质量，进而再影响采纳可能性。

四是关注创意本身的质量对采纳的影响。学者们强调创意采纳的对象是新想法，采纳与否还是需要从创意本身的质量去评判。因此，现有研究更关注创意质量与采纳的关系。对于创意质量的测度，最开始人们是从有用性角度出发，看创意对组织绩效、问题解决方面的价值，后来统一用新颖性和有用性的综合指标衡量。如 Shuye Lu（2019）用新颖性和有用性的乘积来测度创意质量，以此挖掘员工想法演示与影响策略对创意评估和实施的影响。最近的研究指出，单纯观察和测度有用性或有用性和新颖性的综合指标无法深度挖掘和剖析影响管理者采纳决策的核心障碍（Kaplan，2015；Shuye Lu，2019），新颖性才是关键，但从众多现实案例中，我们发现，往往新颖性较高的创意其采纳率更低，但从创新者角度无法解答我们的问题。

2. 主线二：基于创意需求方

主线二关注管理者本身的特质对创意采纳的影响，管理者本身对采纳影响的研究成果虽不如员工视角的多，但亦得到一定的发展，如探讨管理者个体的动机、思维以及知识结构的差异，管理者的身份和角色以及管理者对不确定性的感知和容忍程度都对采纳意愿有重要影响。管理者在决策时是有偏好的，主要受以下五个方面的影响：一是路径依赖，即他们倾向于应用现有的框架和经验来评估新想法；二是不确定性规避，这一态度阻碍他们承认和接受创造性思维；三是选择性注意，即管理者会选择性注意那些与组织战略目标一致的项目，如管理者对新思想中不确定性的规避态度不利于他们对创造性思维的承认，进而影响其对高新颖性创意的采纳态度（Mueller et al.,2012，2017）；四是有限的认知，对新想法的评估需要投入大量管理认知资源，新思想所涉及的概念通常是以前不熟悉的，后续投入也很大，管理者不一定愿意；五是组织资源有限，对新项目的投入意味着对原有其他主营业务投入的降低，存在新旧业务冲突和权衡问题。以上研究能说明为什么管理者会拒绝创意，但难以说明为何管理者仍会接纳新颖性的创意项目。因此，仅从创意需求方单线研究并不能解答我们的问题。

最新的研究提倡从两条主线的交叉，即管理者与员工如何互动的角度剖析和解答这一问题，但对员工与管理者之间的互动行为及其过程对采纳决策的影响少有研究，尤其是管理者对于新颖性既爱又怕的复杂心态。如何通过更好的沟通、交流和互动，降低他们对不确定性和风险的焦虑感，提高对创意成功的期望值，进而提高采纳意愿等相关问题的研究还没有给出系统性的解答。

（三）问题提出

从现实情境出发，我们发现企业在采取多种方式提升创意数量时，采纳率却没有同步增加，同时，面对新颖性较高的创意，即员工认为创造力水平较高的创意，由于管理者难以识别其潜在价值，或惧于其风险性和不确定性，即便认可创意可能带来的机会，也往往作出拒绝创意的决策，让企业错失良机。我们不禁要问，为何管理者渴求却又往往拒绝新颖性程度高的创意呢？现有研究从创意供给方和需求方两条主线出发，探索了创意数量、创新者特质、创造力水平、管理者偏好对采纳的影响，但并未深入挖掘作为创造力关键指标的创意新颖性对采纳的核心机理问题。同时，管理者对创意既渴求又拒绝的矛盾心态如何影响采纳决策亦没有深度剖析。

囿于上述分析，本研究关注的现实问题是："为何管理者渴求又往往拒绝新颖性程度高的员工创意？"希望能深度了解何种创意能获得管理者的青睐，以及如何提高采纳率等问题。本研究认为，创意新颖性是影响和决定创意创造力水平和质量的关键要素，单纯观察和测度有用性或有用性和新颖性的综合性指标无法深度挖掘和剖析影响管理者采纳决策的核心障碍。因此，本研究关注创意新颖性对管理者采纳意愿的影响路径和作用机理。为深入探讨员工创意新颖性与创意采纳间的相关问题，本研究将其拆分为三个子研究问题。

第一，创意供给方和创意需求方之间的供需不平衡是什么导致的？

现有研究和现实情境皆反映创意数量的提升并没有带来采纳率的提高，创意质量才是影响采纳意愿的重要因素。对于创意质量，以往的学者主要用有用性和新颖性的综合指标来衡量，质量越高采纳可能性越高，但越来越多的学者发现，单纯观察有用性或有用性和新颖性的综合指标无法深度挖掘和剖析影响管理者采纳决策的核心障碍因素，新颖性才是决定创造力水平和质量的关键要素。对于管理者而言，基于资源有限性，组织不可能接纳所有的创意项目，管理者进行采纳决策的本质在于通过对创意项目的评判和筛选，将组织资源用于能实现战略目标和提高绩效的优质项目当中，以达到合理分配创新资源，提高效率的期许。对于员工而言，在短时间内凸显和展现创意可能的价值和潜在优势尤为重要，然而，这些组织战略目标是什么、下一步可能的主攻方向是什么等这些战略性的问题并不被员工所熟知和掌握。因此，管理者的期许与员工的期盼往往并不匹配。那么，此时新颖性到底代表着管理者所期许的战略实现工具呢？还是代表着员工所期盼的独特优势呢？新颖性为何会成为阻碍创意采纳的重要因素呢？何种水平的新颖性程度更有利于促进采纳可能性？员工认为的新颖性价值与管理者认可的竞争力如何匹配和平衡？

第二，管理者对创意既渴求又拒绝的矛盾心态的核心机理是什么？

新颖性作为想法创造性水平的关键指标，一方面显示了创意的竞争潜力和独特价值；另一方面蕴含着不确定性和风险，是管理者评估和采纳创意最具挑战性的障碍（Baer，2012；Mueller et al.，2012）。若管理者过分强调创意的失败风险，容易犯第一类错误，即"弃真"，拒绝实际上能为企业赢得竞争力的创意；若管理者过分强调创意的稀有性，容易犯第二类错误，即"存伪"，接纳可能为企业带来损失甚至灾难的创意。因此，管理者如何评估和采纳创意的过程是决定企业能否获得竞争优势和避免重大损失的关键环节（Poskela and Martinsuo，2009）。即便在极力推崇创新的企业中，管理者在评价和筛选创意项目时，囿于有限理性、路径依赖、不确定性规避等决策偏好，往往会拒绝新颖性高的创意。传统管理决策理论中，古典决策理论基于"经济人"假设，认为决策者是完全理性的，他们明确知晓全部的信息、备选方案及其结果，但行为决策理论则指出，决策者是有限理性的，他们难以获取全部备选方案和相关信息。同时，决策者在决策时还会存在路径依赖和风险规避的偏好（Kannan-Narasimhan and Lawrence，2018；Mueller，2018），这使得管理决策的最终结果往往并不遵循"最大"或"最优"的标准，而只是"满意"的标准（Simon，1987）。那么，在对创意进行筛选和评判的过程中，这些导致管理者产生矛盾心态的指标具体有哪些？在创意过程中起何种作用？

第三，有什么办法可以缓解这些不平衡和矛盾？

在传统决策过程当中，管理者的经验和资质是决策成败的引路石，但管理者可能存在路径依赖和风险偏好，使得当他们面对与组织战略目标不一致或自身没接触过的新技术领域的创意项目时，更多会采取拒绝的态度（Shuye Lu，2017），结果往往会与许多突破性和革命性的新技术失之交臂，组织也因此丧失了新的收益增长点和竞争优势。同样的，在创意采纳过程当中，对创意可行性和适用性的判断主要源自管理者自身的经验和判断，部分受创新倡导者和利益相关者的影响。要说服高层管理者将仅有的资源分给不在组织战略范围以内的项目，克服路径依赖并接受随之而来的风险和挑战，绝非易事（Shuye Lu，2017）。但与此同时，管理者在决策过程当中，不是独断或孤立决策的，创新者可以通过正式或非正式的方式与管理者进行沟通和交流。同时，管理者亦会咨询和聆听其他管理者、技术专家、第三方权威机构以及其他员工的意见和建议，因此，创意倡导对于管理者如何认知和评价创意项目尤其重要。此时，若创意团队能把握组织优势资源与创意的联系，挖掘现有优势资源的潜在用途和价值，通过整合或重组，释放更多的资源空间，并借此推动创意的完善和发展，对提高创意接受度有积极作用。

鉴于此，本研究拟聚焦于自下而上的员工创意过程，挖掘影响创意过程的关键行为者和内在关系机理，深度挖掘创意新颖性与管理者采纳间的影响机制和制约条件。

二、相关概念界定

（一）创意新颖性

1. 创意产生与创意新颖性

对于创意与采纳关系的研究，大量的文献聚焦于如何激发创意产生或如何提高员工创造力，但对于创意产生以后，如何筛选、利用和挖掘的研究相对较少（Anderson et al.，2014）。再有，对创意产生和采纳之间直接影响关系的研究，存在较大分歧，有正相关关系（Clegg et al.，2002；Somech 和 Drach-Zahavy，2013；Walsh，2016）、负相关关系（Baer，2012），以及"疏远"关系（张巍等，2015）。深入挖掘相关文献后发现，对创意产生测度的不同直接影响了两者的影响方向和效果。现有研究对创意产生的界定和衡量有三种不同的方法，一是以创意数量的多少代表创意产生，如 Osborn（1953）认为只要产生足够数量的创意，创意池内包含高质量创意的可能性就越大；后来，越来越多的学者发现两者之间的关系并不像一开始认为的那样积极并显著（Da Silva 和 Oldham，2012）；二是以产生创意的员工个体创造力大小测度创意产生，如 Zhou 和 George（2001）实证研究证明拥有高创造力的员工，他们提出的创意想法更容易获得管理者的青睐和采纳。顾远东和彭纪生（2010）在此基础上基于中国情景，发现个体创造力以及创造力自我效能感对创意采纳有积极影响；三是以新颖性和有用性的综合指标测度创意产生，如 Shuye Lu（2019）用新颖性和有用性的乘积来测度创意质量，以此挖掘员工想法演示与影响策略对创意评估和实施的影响。因此，不同的测度方式所代表的创意产生内涵是不一样的，其对创意采纳的影响自然而然亦存在区别，只有将这一测度差异控制后，后续的研究才能更纯粹地关注和探索创意产生与创意采纳之间的关系机理。

由于本研究更关注创意想法产生之后，管理者的采纳意愿问题，因此，以数量表征创意质量，以及以个体创造力和团队创造力水平来测度创意产生的方法并不适用，我们更关注创意本身对采纳的影响。新颖性一直被学者们尊为推动组织变革和技术进步的重要条件（Reitzing，2003），是提升组织内外部竞争力的关键要素，是创新者自身价值的突出体现（Kaplan，2015），是创造力最关键的组成部分。本研究认为，创意新颖性是影响和决定创意创造力水平和质量的关键要素，单纯观察和测度有用性或有用性和新颖性的综合性指标无法深度挖掘和剖析影响管理者采纳决策的核心障碍。

2. 创意新颖性的概念界定

本研究关注创意新颖性对管理者采纳意愿的影响路径和作用机理。其中，创意新颖性指的是员工产生的新想法在组织中与当前实践、知识库或其他参照物的距离及其稀有性程度。新颖性程度高表现为创意在组织甚至市场中是独一无二、原创性程度高且与当前现有技术距离较远；新颖性程度低表现为创意是在原有技术或产品的基础上进行细微的改进和完善。本研究着重关注员工产生创意的新颖性特征对管理者采纳的影响。

（二）创意采纳

创意采纳是创意过程以及创新过程的重要环节，在创意过程中，创意采纳是终点，是创意想法能否获得管理者青睐的表现（Lin 和 Su，2014）。在创新过程中，创意采纳是决定创意项目能否被进一步开发，实现产品化和商业化的前提（Perry smith，2017），是起点（如图 1-1）。现有研究仅把创意采纳作为创意实施的其中一个维度，并未加以深度研究。创意过程、产品化和商业化这三个阶段是创新过程的重要组成部分，以往研究大多淡化甚至忽略了创意过程对组织创新的关键作用。因此，本研究为深入探索和挖掘创意过程的核心影响机理和作用机制，暂不考量和关注创新过程中的产品化和商业化的过程。同时，由于如何激发员工创造力以及创意产生数量等问题也已获得大量的研究成果（朱桂龙，温敏瑢，2020），本研究更关注创意产生之后，管理者如何评价和采纳创意的过程，即创意从产生到采纳的过程。

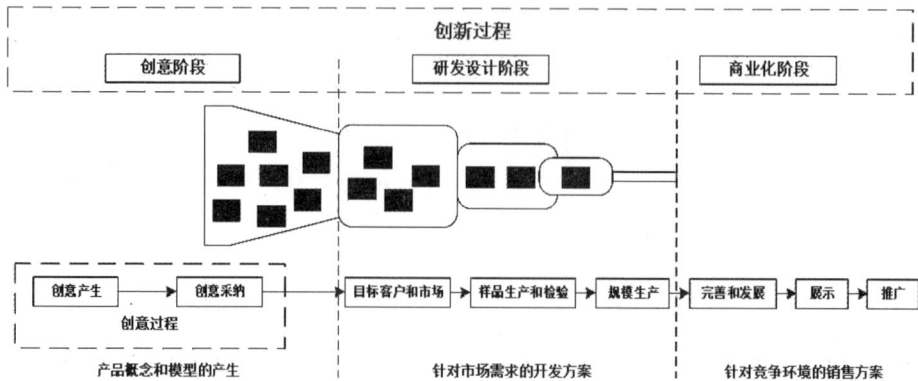

图1-1　创意过程与创新过程

本研究将创意采纳定义为团队管理者认可和支持员工个人或团队的创意，给予创意项目合法性席位并允许其进一步开发。管理者决策行为包括了管理者对创意项目的支持态度和程度，以及管理者是否采取行动允许、支持和推进创意项目的发展。

（三）管理者认知

管理者认知的理论起源于心理学的认知观，主要探索的是人的认知结构是怎么样的，有什么特征，受什么影响。后来引入信息技术领域，探索用户如何认知和接纳一个新的技术，并开发出技术接受模型，将其引入创新领域，同时将员工如何认知和接受组织管理创新的过程命名为认知评价。再后来，针对管理者怎么评价新想法，提出了管理者认知这个概念（Managerial Cognition）[①]。对于管理者认知的研究，目前经历了四个阶段的发展：第一个阶段主要从认知观出发，探索管理者个人的认知结构对绩效的影响；第二个阶段主要探索影响认知的重要因素，例如有限理性、偏好和偏见等；第三个阶段开始探索管理者认知的结果变量，例如对战略变革、创新绩效的影响。目前，越来越多的学者强调从过程研究的角度，探索管理者认知在不同情境中的一系列特定决策行为（邓新明，刘禹，龙贤义等，2021）。比如在创业领域，用

---

① Nadkarni,S., Barr, P.S.. Environmental Context, Managerial Cognition, and Strategic Action: An Integrated View[J]. *Strategic Management Journal*, 2008, 29(13)：1395-1427.

机会识别界定管理者对项目是否存在商机的知觉判断过程，又如在服务创新领域，从可持续竞争优势和情感承诺两方面衡量影响管理者采纳服务创新意愿的因素（如图1-2）。针对创意采纳的过程和情境，有学者提出潜在机会和可行性是管理者考量的关键要素（Mueller，2014），但相关研究目前仍停留在理论探索和实验研究的阶段，需要更多现实情境下实证研究的数据支持。

认知评价

认知评价：将技术接受模型引入创新领域，信息技术领域的用户接纳理论延展为组织成员对创新的认知评价。员工对组织管理创新是如何认知的，这个认知过程如何影响他们随后的行为和绩效

cognition

认知观，起源于心理学，主要探索的是人的认知结构是怎么样的，有什么特征，受什么因素影响

服务创新领域

什么影响企业采纳服务创新的意愿？来自两个方面的认知：
(1) 供应商可持续竞争优势；
(2) 企业与供应商的情感承诺

战略过程领域

管理者对自下而上创新的认知过程主要考虑两个方面的内容：(1) 创意是否具备可行性；(2) 创意项目能否获得竞争优势。

创业领域

机会识别，对创意是否存在商机的一种知觉和判断，包括两个方面的内容，可行性和盈利性，以此考量项目的价值和成功率，进而决定是否投资

管理者认知

(1) 从认知观出发，探索管理者个人的认知结构对绩效的影响，认知复杂性和集中性；
(2) 探索影响认知的重要因素，有限性、偏好、偏见，以及如何提高认知准确性；
(3) 管理者认知结果变量的探索，对战略变革、创新绩效、组织行为等的影响；
(4) 过程研究的角度，看管理者认知在不同的情境中，它的注意力分配、评价指标如何影响管理者对环境、事物的评价和理解，关注由认知形成的一系列特定决策行为。

图1-2 管理者认知的研究脉络

本研究综合借鉴认知评价理论、机会识别理论、战略过程理论以及服务创新理论中对管理者或者顾客如何评价创意项目的内容，将管理者认知定义为管理者对员工创意项目质量的知觉和判断，包括管理者对创意项目的竞争性认知和可行性认知。

（四）创意倡导

本研究认为，具有创造力的员工在提升自我、实现成就和促进组织发展等内部动机的驱动下，有主动倡导创意想法的意愿和动力。创意倡导指的是员工在提出创意项目后，为使管理者和组织成员更好地认识和理解创意的潜在价值和可行性，采取多种主动性行为影响甚至改变管理者的决策偏好和行为的举措（Perry-Smith，2017）。本研究关注倡导行为对于管理者决策的影响作用，借鉴 Lee（2017）、Yukl（2008）研究结果中得出的四种最有效的倡导

方式：合理说服、咨询合作、鼓舞感召和寻求协作，探寻他们在创意过程中的作用和效果。其中，合理说服指的是使用合理的论据和相关事实来证明创意项目是可行的，且与团队或组织关键目标密切相关；咨询合作指的是询问上级、同事或第三方咨询机构等关键行为者创意该如何完善，或通过合作获得他们的建议或援助计划；鼓舞感召指的是或明确地引用目标的价值和理想，或努力激起人的情绪以获得认同和支持；寻求协作指的是员工主动告知高层管理者创意推进过程中可能遇到的困难、所需资源和帮助，以提高管理者对创意进程的感知和掌控力。

三、研究思路、内容设计与研究方法

（一）研究思路

本研究关注员工创意新颖性与创意采纳之间的关系问题，通过对这一过程中的关键参与者、互动行为和影响因素进行梳理和挖掘，试图找寻和剖析影响管理者采纳意愿的关键要素和核心过程。为深入探索上述问题，本研究将问题提出中的三个研究问题及它们之间的逻辑关系进行了详细的梳理和挖掘。

1. 供需不平衡的本质：员工与管理者对创意的价值识别差异

新颖性是员工创意创造力水平的关键特征，为凸显创意较其他想法而言的独特优势，员工在展示创意项目时，往往更强调新想法的原创性和独占性优势。基于最小阻力路径理论，管理者倾向于利用最便捷、简单和容易操作的方法来处理问题，即管理者基于主导逻辑和路径依赖，更关注与组织战略目标一致的项目。因此，在有限的项目展示期间，员工会选择性地披露创意的核心内容（比如他们更关注创意的新颖性和创造力）。管理者则会选择性地注意他们所在意的核心价值（比如是否有利于战略目标的实现，是否具备相对优势和可行性）。员工披露的内容与管理者在意的内容在创意新颖性程度较低时，基本能达成一致，但在创意新颖性程度逐渐提升后，供需双方的诉求能得到很好的契合和匹配吗？员工所关注的新颖性特征与管理者的采纳意愿之间是何种影响关系？又该如何缓解这种不平衡和认知差异呢？

本研究首先在文献梳理的基础上，确定了创意新颖性是影响管理者采纳意愿的核心障碍。面对学者在"新颖性—创意采纳"研究中得出的差异化结论，本研究在案例研究和实证研究的详细佐证之下，找寻并得出以往研究结果不一致的核心原因，并系统梳理和验证创意新颖性与创意采纳的影响路径和关系。

2. 矛盾心态的本质：管理者对新颖性所蕴含的竞争潜力和不确定性的权衡

对于管理者而言，新颖性既是机遇也是风险。新颖性一方面能为组织带来竞争潜力和独特价值；另一方面也蕴含着高度的不确定性和风险性。面对新颖性的想法，管理者在决策时面临两大挑战：一是如何提升核心业务的竞争力；二是如何创造与未来相关的新能力。而这两种挑战的本质是现有业务和新业务的冲突、选择和资源分配问题。因此，管理者自身在评价创意时就面临着新旧业务的冲突、竞争优势和风险的冲突，乃至呈现出既渴求又往往拒绝新颖性创意的现实表现，而管理者的这种矛盾心态不仅影响着他们如何看待新颖性，更影响着他们最终对创意的采纳意愿和决策。因此，本研究在深度挖掘和剖析管理者认知和评价创意的重要指标和维度的基础上，深度挖掘和探索不同指标对采纳结果的影响作用和路径，以期挖掘导致创意新颖性与创意采纳之间呈现非线性关系的核心机制。

3. 提高采纳可能的重要举措：创意倡导

据前文所述，员工创意要得到管理者的青睐，至少需跨越两重障碍：一是员工与管理者之间对价值感知的认知差异障碍；二是需要尽量降低管理者对创意本身风险性和不确定性的感知，提高对创意竞争性价值的感知。在这一过程中，创意倡导有重要作用，它有机会成为员工与管理者达成共识的桥梁和平台。创意倡导的对象不仅仅是管理者，还包括对上级、同级、下级的影响，通过影响对管理者决策有关键影响作用的行为人，争取和赢得他们对创意想法的认同和支持，促进他们的高度承诺和帮助行为，最终达到提高采纳可能性的作用。因此，本研究首先对创意倡导的理论来源、研究进展以及维度划分进行了细致的分析，根据创意过程的现实情境，通过文献梳理和案例分析，选择并确定合适的指标，最后验证不同的倡导方式对创意过程的影响效果。

（二）研究内容

本研究欲从以下几个章节展现逻辑思路和研究内容。

第一章，绪论：通过对员工创意过程的研究背景进行阐述和梳理，明确本研究关注的核心问题。在结合现有国内外研究综述的基础上，发现研究缺口并提出本研究的具体研究主题和内容，并对研究意义、研究方法、技术路线等内容进行阐述和说明。

第二章，文献综述：基于"变异—选择—保留"理论框架，员工产生新想法是组织产生变异的重要来源，变异中蕴含着"危"和"机"，对危险和机遇的不同理解和抉择是影响最终采纳结果的关键。对相关研究进行回顾和评述，形成了比较系统和全面的文献综述，内容包括"变异—选择—保留"理论框架的介绍、创意新颖性、管理者认知、创意采纳和创意倡导的现有研究综述和总结等。通过文献的梳理，展现了创意新颖性、管理者认知、创意采纳和创意倡导等行为之间可能隐含的潜在关系，进而为本研究提供充分的理论支撑。

第三章，探索性案例研究：本章考虑到论文核心变量之间的关系在现有文献中受到较少关注，但现实情境中已多次呈现出与此相关的现象和事例。基于研究背景和文献回顾，本研究选取国内极具创意意识和特色的三家典型企业作为研究对象，通过探索性多案例的研究设计方法，对比分析形成创意新颖性、管理者认知和创意采纳的初始研究命题，为下文的概念模型和研究假设的提出提供现实依据。

第四章，研究假设与理论模型：在探索性多案例的研究基础上，本研究结合已有的理论研究基础，对研究命题进行逻辑推导和演绎拓展，提出了创意新颖性、管理者认知、创意采纳和创意倡导之间的理论模型以及有待验证的研究假设。

第五章，研究方法与研究设计：本章首先对研究中涉及的变量进行清晰的定义和量表设计，形成初步的调查问卷。通过小样本预测试，调整和完善量表的设计，提高问卷的信度和效度，形成最终的正式问卷并进行大规模正式调研。

第六章，假设检验与结果讨论：派发正式问卷并获得大样本调查数据，对问卷数据进行多项基础检验，包括共同方法偏差检验、信度分析和效度分析，整体数据满足相关要求。在此基础上，检验研究假设并深度分析和探讨相关的研究结果，挖掘结果背后深层次的原因。

第七章，研究结论与展望：本章简明扼要地突出本研究主要的研究结论和研究发现，指出相关研究中存在的不足之处，并对日后的研究进行展望。

（三）研究方法与技术路线

1. 研究方法

结合研究内容和研究框架，本研究采用下述方法进行分析。

第一，文献分析法。本研究围绕核心研究问题，基于创造力理论、机会识别理论、技术采纳理论、管理者认知理论深入探讨创意过程的核心路径和影响因素。通过搜索、阅读、整理、分析与创意新颖性、管理者认知、创意采纳和创意倡导相关的经典文献和前沿文献，从概念界定、维度划分、前因变量、结果变量多个角度归纳和整理最新进展和研究局限，形成了整合的逻辑框架。最后，为探究和分析各变量及变量之间的关系，对相关文献进行了深度梳理和挖掘，找寻变量间关系的理论支撑和逻辑关系。

第二，案例研究方法。案例研究对于回答"是什么？""为什么？""结果怎样？"有明显优势。本研究选取了三家长期从事技术创新的企业，做了细致的描述，并根据组织情境和研究需要，选取了四个典型案例，通过全方位多途径地搜寻案例材料，与参与者、记录者或管理者进行访谈和交流，梳理和整合相关信息，对关键路径和影响机制进行了探索，对研究问题形成了初步的现实感知和理论认识。

第三，问卷调查法。为保证量表的信度和效度符合标准，本研究对各变量的测量选用经典文献的成熟量表，所有量表皆通过双向互译，并在中国情境中进行了多次的检验和运用。在确定合适量表后，采用自填式的问卷调查方法，在对调查问卷的同源性方差问题进行控制的前提下，派发问卷并对问卷进行回收、整理和分析。

第四，结构方程建模（SEM）分析。本研究采用跨层次分析法当中的多层结构方程建模技术对创意新颖性与创意采纳的关系模型、管理者认知在创意过程中的中介作用模型以及创意倡导的调节作用模型进行验证，通过最终形成的拟合模型确定各变量之间的作用路径以及方向。在信度与效度检验方面，主要采用内部一致性方法和验证性因子分析法，并使用Bootstrapping方法、贝叶斯方法和模特卡罗模型测量序列中介作用。对于调节中介和中介调节作用，使用MLM模型和图示法辅助分析。

2. 技术路线

本研究拟采用的技术路线图如图1–3所示。

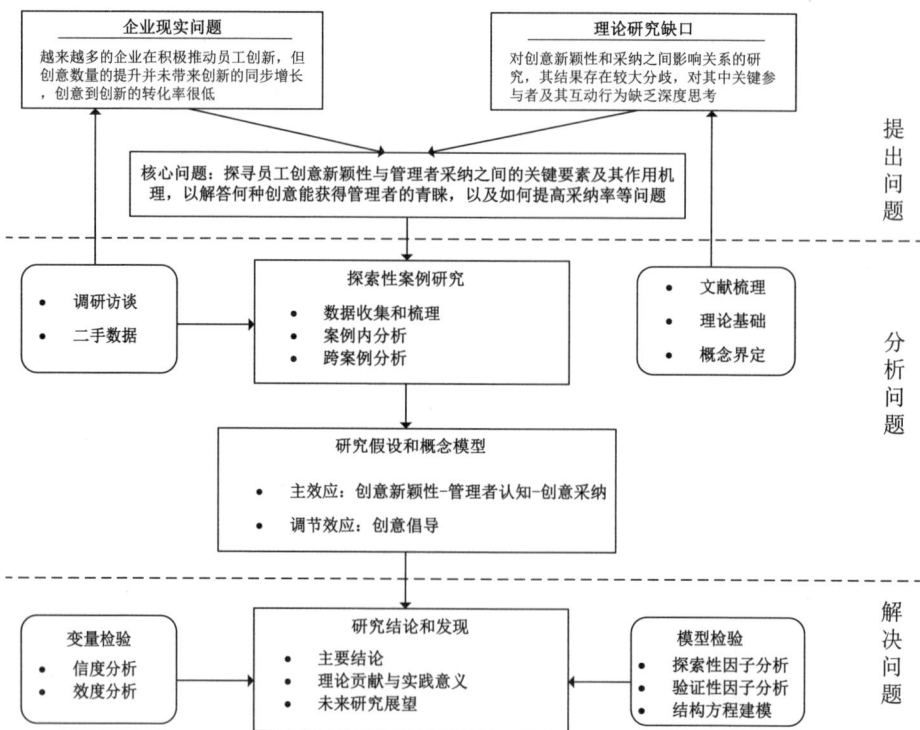

图1-3 技术路线

四、研究意义及主要创新点

（一）研究意义

创意是创新之源，创意的质量、价值以及采纳与否是创新能否实现的前提和关键。从广义上看，创新过程与创意过程相互融合，因此，不少研究将两者互为等同（Walsh et al.，2016；Perry smith，2017），但本质而言，创新过程和创意过程，是一个事物发展的两个方面，创新过程更强调事物发展后端的产品化和商业化过程，创意过程则更强调事物发展前端，包括思想的来源、倡导与采纳。将两者等同混为一谈，势必会淡化和削弱对创意过程关键机理的深入挖掘和详细剖析。因此，明确创意过程的阶段性特征、参与者特质和互动行为具有重要理论价值。同时，现有研究更多关注创意数量以及创新者自身的创造力水平对创意采纳的影响作用，对创意特质与管理者采纳意愿之间的关系研究尚未深入挖掘和解释。据此，本研究聚焦"为什么管理者渴求却又往往拒绝新颖性程度高的创意"这一现实问题，希望从互动的角度出发，探索这一过程中管理者是如何评价和筛选创意，以及员工是如何倡导和推广创意项目以提高其采纳率的。与以往研究相比，本研究在如下方面取得了一定的进展。

第一，以往研究大多淡化甚至忽略了创意过程对于组织创新的关键作用。本研究关注创意从产生到采纳的过程，特别是创意特质对采纳结果的影响作用。通过深入挖掘创意过程的阶段性特征、关键人物、互动过程，剖析创意新颖性与创意采纳的作用机制和制约条件。第二，创意过程的大多数研究关注创意产生和创意采纳影响因素的探讨，而忽视了管理者认知的关键作用（Berg，2016；Zhou et al.，2017）。组织创新效能不佳的关键原因，有时并不是因为创意匮乏，而是管理者不能有效识别有潜在价值的创意项目。本研究深入分析管理者筛选和判断创意项目时的评价标准和关键要素，找寻管理者渴求却又往往拒绝高新颖性创意的本质原因。第三，关注管理者认知的研究大多注重探究管理者特质以及组织因素对这一过程的影响，而忽视了创新者对这一过程的影响作用。本研究强调创意倡导对管理者认知创意价值有重要影响作用，创新者通过采取多种途径，如合理说服、鼓舞感召、咨询合作、寻求协作，积极主动地寻求组织内外关键人物的支持，并从多种渠道宣传和推广创意项目，以提高创意采纳的可能性。

（二）主要创新点

在以往研究的基础上，本研究充分剖析和借鉴创意过程的相关研究，以新颖性表征和测度创意产生的核心特征，并构建创意新颖性、管理者认知、创意采纳与创意倡导的概念模型，通过现有研究梳理、探索性案例研究、相关分析、回归分析、结构方程模型等方法，系统考察和验证了创意新颖性、管理者认知对创意采纳的内在影响机理和作用机制，并详细讨论了创意倡导对这一过程的差异化影响结果。总的来说，本研究的可能创新点主要体现在以下几个方面。

第一，现有研究或从创意供给方出发，强调创意质量和员工主动性行为的积极作用；或从创意需求方出发，强调管理者存在路径依赖和有限理性的决策偏好。少有研究从创意特性出发，探寻其中的关键路径和核心机理。本研究深入剖析员工和管理者对新颖性价值的解读差异，指出员工和管理者对创意价值的认知差异是导致新想法供需不平衡的核心原因。从员工视角出发，创意新颖性与竞争优势等同，随着新颖性程度的上升，想法的竞争性和潜在价值上升，采纳可能性提高。从管理者视角出发，基于主导逻辑和路径依赖，随着新颖性程度的上升，想法的不确定性和风险性提高，采纳意愿降低。只有从员工与管理者互动的视角出发，同时考量供需双方的诉求，将新颖性控制在适合的范围以内才能最大程度地提高采纳可能性。本研究从角色差异的角度解释了以往研究呈现结果不一致的原因，有助于更加全面地挖掘和理解创意采纳率低的深层次原因。

第二，本研究弥补了前人从线性关系或单一机制探讨创意新颖性与创意采纳之间影响关系的不足，在深化管理者认知的合理性结构维度基础上，揭示了竞争性和可行性是管理者感知创意价值并影响最终决策意愿的核心对抗机制。创意新颖性会通过竞争性认知促进创意采纳的可能性，也会由于高新颖性而降低可行性认知阻碍创意采纳的可能性，两种机制交互导致创意新颖性和创意采纳呈现非线性影响关系，只有在竞争性认知和可行性认知两者达到平衡状态时，创意最有可能得到管理者的认可和接纳。上述结论为以往的研究分歧提供了可能的理论解释机制，也回应了 Haans 和 Pieters et al.、邢璐和孙建敏等学者的研究呼吁：应更多关注和探索非线性关系的假设，倒 U 型关系的本质为两种对抗性关系的调谐机制，挖掘和剖析两种相反效应以及他们如何在作用过程中被调谐是日后研究的重中之重。

第三，以往研究对如何提高创意采纳率边界条件的探索非常有限，本研究考虑了不同倡导行为可能对创意过程产生的差异化影响效果。经实证研究证明，不同类型的倡导行为有不同的适用阶段，对管理者认知和创意采纳决策有差异化的影响效果，员工在发挥主动性倡导创意的同时，必须注重方式方法和时机。员工创新的研究当中，已有很多文章都提到了创意倡导，部分文献还强调了创意倡导对创新过程的重要作用（Holman，2012；Perry-smith，2017），但现有研究更多关注创意倡导的测度和影响因素，对于创意倡导如何影响创意过程则仍在探索当中。本研究发现四种重要的倡导行为：合理说服、咨询合作、鼓舞感召和寻求协作，对提高管理者感知和认同新颖创意的潜在价值和发展机会有显著的影响作用，但四种行为当中，只有合理说服行为能利用数据、图表、案例等方式形象生动地将创意项目与决策者所关注的组织利益相联系，引起他们对创意项目的关注和期待，逐渐使高层确信目前的公司战略需要变化，为新业务的成功采纳奠定基础，最终提高创意的采纳可能性。其他三种倡导行为皆难以直接影响或改变组织的战略方向和主攻领域，因此难以对最终决策有关键影响力。

第二章 文献综述

基于第一章的研究问题和思考，以往的两条主线内容分别关注创意供给方的变异效果和创意需求方的保留偏好，本研究希望兼顾供需双方的诉求，从互动的角度出发，探寻影响创意采纳的核心障碍和作用机理。本章通过借鉴"变异—选择—保留"理论框架，关注管理者在选择过程中的矛盾心态，将创意过程的关键参与者和核心影响因素等研究进行综述，结合现有研究指明相关领域的研究不足和可能的研究方向，并指出本研究的重要性，进而为后续的理论模型和研究假设的提出奠定基础。

一、"变异—选择—保留"理论框架

"变异—选择—保留"（Variation-selective-retention, VSR）理论框架最初来源于达尔文的进化论模型，主要用于种群生态学的研究，用"变异—选择—保留"过程描绘物种和种群特征演化的本质规律。后引入组织管理领域，用以解释组织应对外部环境变化的关键过程。如 Burgelman（1983）用"变异—选择—保留"模型解释和挖掘自下而上自主创新战略如何演变为组织创新战略的过程；Simonton（2000）在进行创造力研究时，用"变异—选择—保留"阐述个体是如何在众多想法中筛选和保留最具创造力想法的过程。

对于"变异—选择—保留"的具体内容和内在机理，现有研究存在两种截然不同的观点：第一种观点是基于达尔文的演化观，认为外部环境对变异的产生、选择和保留起主导性作用，管理意图在这一过程中很少甚至不具备影响作用。第二种观点是基于拉马克的演化观，认为变异是组织受到外部环境变化后，通过自身主动的适应和选择，最终保留能帮助自身适应环境变化并获得竞争力的功能。两种观点在很长的一段时间内处于相互竞争的状态，最近在不断发展和磨合下，出现相互综合的趋势，产生了一种综合性的理解，即认为该过程受外部环境刺激和内部主动适应共同作用。

（一）外部环境主导的"变异—选择—保留"过程

达尔文1859年出版的《物种起源》著作中，最为核心和关键的贡献是提出了以自然选择为基础的进化学说，强调"物竞天择，适者生存"的规律。从生态学的视角上看，变异是自然界的生物为应对外部环境变化和更好地生存而产生的结果，是生物进化的起点，但物种的变异方向和功能并不受主体控制，只有适应环境和具备相对竞争力的特征才会被保留和遗传，否则就会被环境所淘汰。达尔文认为，物种的演化过程是通过随机变异、自然选择和选择性保留三个环节进行筛选和被动抉择的，其中涉及三个重要环节（如图2-1）。

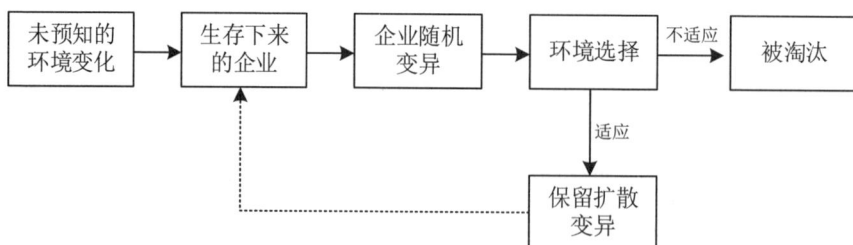

图2-1 达尔文主义的演化过程

一是变异环节，即受外部环境影响，物种在特定属性的状态、形式或功能上会发生改变，而这些改变正是生物在竞争力和适应性上存在的差异性，最终导致了物种的多样性或功能形态的多样性。应用到组织演化观，则解释为组织在应对外部环境变化的过程中，会产生差异化的新功能、新产品或新属性等，而这些新的内容是组织之间在竞争力和适应性上存在差异的本质来源（Mckelvey and Aldrich, 1983）。

二是选择环节，即在种群中，部分变异由于给生物带来了某种适应性或竞争力，使得这一特征或物种得以被选择和生存，而另一部分变异则会被环境所摒弃。如枯叶蝶的体色变化，很早以前，不同枯叶蝶的体色存在着差异，有的与环境相似，有的与环境差异很大，当天敌来临时，体色与环境差别较大的枯叶蝶容易被发现进而被吞没，只有体色与环境一致酷似枯叶的变异体存活了下来。相反，玉米的白化苗，突变后的白化苗由于没有叶绿素，不能进行光合作用，使得玉米生长缓慢甚至死亡。应用到组织演化观，则解释为外部环境力量有选择性地摒弃一些组织变异而接纳和推进其他的一些组织变异。

三是保留和扩散环节，即能赢得优势和适应环境的变异会被保留下来，并在整个族群中得以扩散和遗传。应用到组织演化观，则解释为适应外部环境变化并获得竞争优势的变异会保留下来并在整个组织甚至产业中扩散。

（二）主动适应环境的"变异—选择—保留"过程

拉马克所主张的演化观与达尔文不同，他认为组织演化是一种有意识的行为，是在对环境进行观察和回应后的主动的适应性行为，这种适应性的变化不是偶然和盲目的。特别地，拉马克主义演化观认为，组织中的员工在变异过程中担当着重要角色，他们通过识别问题和寻找备选方案，使得组织能够成功地获得应对和适应环境变化的措施和方案，进而有利于确保竞争力和持续生存（Lawrence and Lorsch，1967；Andrews，1980）。拉马克主义的演化观强调组织在演化过程中的主动性，"变异—选择—保留"过程可能是连续的，也可能是非连续的，但肯定是有意图和受控的过程。其中，变异、选择和保留三个重要环节的具体内容也与达尔文的有所区别。

一是变异不是随机的，变异的方向在自身能力储备以内。达尔文演化观认为变异是偶然产生、盲目和缺乏方向的，因此难以控制和预测，最终成功的获得可能与尝试的次数相关，而拉马克则认为组织变异可以通过主动观察、引导和创造产生。Simonton（2000）在其研究中指出，变异可能来自现有方案的随机组合，但这种组合并不是盲目的，个体有意识的主动性创造能够作为变异的来源，甚至对变异结果产生深远影响。

二是选择是主动的，不是由外部环境主导。达尔文演化观强调自然选择力量和环境对组织发展的约束。与之相反，拉马克的演化观强调管理适应的作用，变异的选择不是纯粹依靠外部环境的被动选择，而是组织主动观察和抉择的结果。

三是保留过程更加灵活。变异得到组织认可和选择后，组织对其的保留存在选择性和灵活度，即可能保留部分变异好的要素而摒弃其中不好的要素，也有可能全部保留，还有可能在保留的过程中加以完善和改进。

（三）兼具内外环境的"变异—选择—保留"过程

综合了达尔文进化论与拉马克演化观的综合观点认为，组织演化的过程是内部主动适应和外部环境选择共同作用的结果。组织要在瞬息万变的外部环境中获得持续的生存和发展，识别和适应环境变化是永恒的主题。人可以通过主动产生有益于适应环境变化的变异来重塑甚至激发竞争力，为取得获胜的机会和规避风险提供可能。但同时，由于人的精力和理性是有限的，不可能识别所有环境变化，即便感知到变化也可能无法产生和找到应对的最优策略。因此，环境约束与组织主动适应同时存在（如图2-2）。在"变异—选择—保留"过程中，综合观点与前两种观点相比，三个重要环节有如下差异。

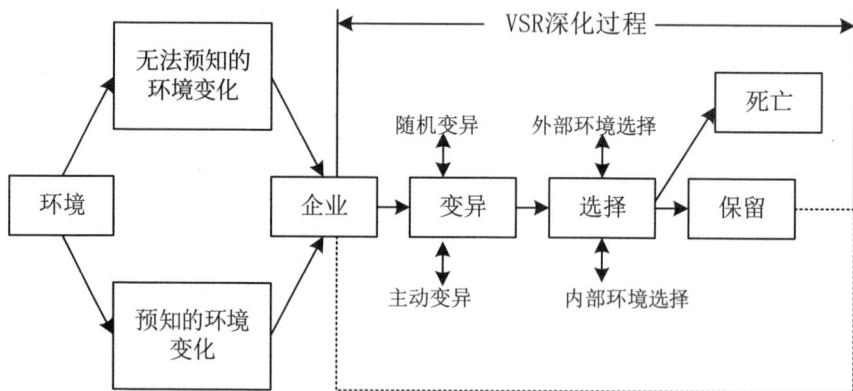

图2-2　综合的深化过程

一是变异环节，达尔文演化观认为变异是偶然产生、盲目和缺乏方向的，因此难以控制和预测，而拉马克演化观则强调主动发现问题和主动创造的重要作用。综合观点认可拉马克所说的主动适应的重要作用，认为变异可以是具备方向性和非偶然性的组织有意识行为。但同时，综合观点也强调环境对于这一过程的重要引导和影响作用，认为即便是主动性的创造也离不开环境的约束和自然选择。Hedberg 等（1977）在研究中指出，变异是组织感知环境与自身不匹配时所做出来的改变。Nonaka 等（1995）进一步指出，变异产生于组织内最初的模糊信息，这些信息可以通过个体的努力将其固化为某种意义或变化。组织产生的所有变化都为日后的发展提供更多的备选方案，亦是为适应环境变化提供更多的机会和选择（丛龙峰，杨斌，2012）。

二是选择环节，达尔文演化观强调自然选择力量的决定性作用，拉马克演化观强调组织主动观察和选择的重要作用。在综合性观点中，组织首先是受到外部环境刺激才做出一系列改变和选择，选择的结果最终也会由环境验证。但组织和个体不会被动地等待和观望，他们会积极主动地进行预测和反应，挑选最适合组织发展的变异重点投入和完善。

三是保留环节，达尔文演化观认为能适应外部环境变化并为组织赢得竞争力的变异被保留下来，并在整个族群中扩散和遗传，而拉马克演化观则在此基础上强调保留存在选择性和灵活度，变异中的特性可能并不会全部保留，只保留部分更适应环境的有益变化，或者在现有变异的基础上加以完善和补充，不是单纯的复制和遗传过程。综合性观点认为，主动选择和适应环境并不是相互排斥的，相反，在适应环境的同时，有目的地选择、强化和完善变异才是首选之策。

（四）员工创意的"变异—选择—保留"过程

"变异—选择—保留"理论模型从生态学领域引入组织管理领域，用以解释组织应对外部环境变化的关键过程。其中，在战略演化研究领域和创造力演化过程领域得到较多的研究和发展。在战略演化领域，Burgelman（1983）用"变异—选择—保留"模型解释和挖掘自下而上自主创新战略如何演变为组织创新战略的过程。组织战略形成来自两条路径，一条路径是公司层诱导的自上而下的战略活动；另一条路径是由员工或一线管理者自发形成的自下而上的战略活动，而"变异—选择—保留"模型更多解释和剖析的是自下而上的战略演化过程。

在创造力演化过程领域，(Simonton，2000)在进行创造力研究时，用"变异—选择—保留"过程阐述个体是如何在众多想法中筛选和保留最具创造力想法的过程的。他指出变异是指拥有创造力的员工，在从事当前工作时产生不满意感或自我实现的需要，进而从事创造性工作和产生新的想法和方案等。选择指的是在众多想法中筛选最为满意和高质量的方案，保留指的是创造性的员工在面临挑战性和复杂性任务时，更倾向于以新的方式解决问题，也倾向于向管理者推荐他们的新想法并渴求被认同和采纳。(Ford 和 Kuenzi，2010)基于创造力 VSR 理论，认为员工在环境刺激和不确定因素激发下产生的新的问题解决方案就是变异的来源，选择指的是对这些新想法和新方案进行比较并做出筛选的过程，保留指的是对筛选后的想法如何留下来以及留下来什么进行决策。

员工产生新想法是组织产生变异的重要来源，变异中蕴含着"危"和"机"，对危险和机遇的不同理解和抉择是影响最终采纳结果的关键。从管理者和员工的角色差异上看，一方面，员工更贴近市场和用户，更可能产生满足顾客和市场潜在需求的新想法，为组织赢得新市场和发展机会；另一方面，员工容易高估创意价值，管理者在准确预测创造者自己的想法方面比创造者更有优势(Berg,2016)。从价值评价差异上看，员工更多关注创意的绝对价值，甚至将变异程度与价值大小等同，而管理者关注相对价值，并不单纯看创意本身的技术或市场价值，还需观察创意与组织现有战略项目以及其他新兴项目之间的相对价值和优势。因此，管理者渴求员工产生开拓市场和拥有持续竞争力的新想法，但同时，员工与管理者对创意新颖性和价值水平的认知差异导致了大量的高新颖性创意被拒绝。基于此，本研究关注员工珍视的创意价值（新颖性程度）与管理者感知的相对价值（管理者认知）之间的评价差异，以及员工与管理者之间的互动行为（创意倡导）对管理者采纳意愿的影响。

1. 变异：体现识别过程

本研究中的变异指的是员工在其职能范围以内或者职能范围以外，基于其对当前工作流程、现有技术和市场的了解和把握，运用其自身或团队的创造力，开发出具备创造性的新想法或新构思，他们开发出来的新想法与产业发展和技术进步密切相关，可以是新产品、新服务、新流程等。

2. 选择：体现评估过程

本研究中的选择指的是管理者在员工产生的众多创意想法中，根据自身的知识积累和经验，对员工创意项目质量进行知觉和判断的过程。虽然选择的过程是管理者对创造性想法的相对价值进行认知和评价的过程，但这个过程不是管理者独断或孤立决策，创新者可以通过正式或非正式的方式与管理者进行沟通和交流，影响甚至改变他们对项目价值的感知和评价。同时，管理者在做出判断前，还会咨询和聆听来自其他管理者、行业专家、员工等关键行为人的意见和建议。

3. 保留：体现采纳过程

本研究中的保留指的是管理者在对创意项目的相对价值进行评判和排序后，根据组织现有战略发展的需要以及当前市场需求的动态，做出是否采纳该新想法的决策。采纳创意意味着管理者认可创意价值并将创意作为组织行为的一部分保留下来。保留的行为可以表现为管理者将创意项目加入组织现有工作进程当中，也可以表现为管理者将创意项目的表现加入绩效考评清单当中，还可以表现为管理者设置固定的针对性部门和人员负责该项目。

二、创意新颖性研究综述

（一）理论基础：创造力理论

基于创造力理论，员工的创造力及其创意是组织寻求独特竞争优势的重要来源（Anderson, De Dreu and Nijstad, 2004; Zhou and Shalley, 2003）。创造力是创新的源头（Mumford and Gustafson，1988；West，2002），在团队层面，创造力是个人创造性行为、群体成员之间的互动、群体特征、团队过程和语境影响的结果。在组织层面，创新是个人和群体创造力的函数（Woodman et al.，2010）。对于创造力的研究，根据研究范式的不同，目前主要分为两种类型。一类是研究拥有创造力的个体或团队的特征和影响因素；另一类是研究创造性产品或成果的特征和影响因素。其中，对于第一种类型的探索已经获得了丰硕的成果，特别是对于如何激发和增强个体或团队创造力，而对于第二种类型的研究则存在较大研究空间，有待进一步挖掘。鉴于本研究所关注的是拥有创造力的个体或团队产生的创意特征对于随后的创意采纳之间的影响关系，因此属于第二类的创造力研究范畴。

（二）创意新颖性的内涵与测度

1. 创意新颖性的内涵

在定义创造力的时候，不少研究者直接用新颖性来归纳其核心内涵（Goncalo and Staw，2006；Ward，1994），他们认为，如何理解创意的新颖性是感知创意创造力水平的关键（Campbell，1960；Guilford，1957）。用"the task at hand"来定义新颖性（Amabile，1996），即用不常见的方式解决现有的问题；（Shalley et al.，2004）基于组织创造力领域的研究，将新颖性定义为"relative to other ideas currently available in the organization"，即与当前组织可用的想法不一样，有一些特性。

在此基础上，学者们对新颖性内涵的界定从两个主线展开，一是从出现频率的多少来衡量和感知新颖性程度；二是从技术距离的远近来定义和测度新颖性程度。首先，从频率角度上看，如果一个想法从未在组织以往的任何情境中表达过，并且很少出现在组织现有的想法当中，那么它就是一个崭新的想法，此时，新颖性水平与创意出现频率相当。但这也存在一个问题，当一个想法在组织中从未提及时，那么它是全新的；当一个想法在一组想法中只出现一次时，它也是全新的，那么，频率的多少是否能很准确地表述新颖性程度？

从距离的角度上看，新颖性可定义为与当前实践、知识库或其他参照物的距离（Amabile，1996；Ford，1996）。认为从距离角度上理解新颖性（George，2007），反映了探索和利用行为的本质区别，即探索行为是对技术距离较远的知识、实践等的追求，而利用行为则相反。（Litchfield，Lucy 和 Paul Gilson，2015）在对频率和距离视角度量新颖性的现有研究进行深度剖析后指出，出现频率低，即在组织中全新或在团队中独特的想法，在技术距离上也可能是近和非独特的。在定义创造力和新颖性时，采用距离的视角进行研究会更为妥帖（Litchfield，2015）。

本研究基于上述学者的研究成果，认同新颖性对衡量想法创造力的重要作用，强调其具备独特、罕见、不同寻常的特性（Runco and Charles，1993）。在此基础上，本研究将新颖性定义为员工产生的新想法在组织中与当前实践、知识库或其他参照物的距离及其稀有性程度，新颖性程度高表现为创意在组织甚至市场中是独一无二、原创性程度高且与当前现有技术距离较远。新颖性程度低表现为创意是在原有技术或产品的基础上进行细微的改进和完善。

2. 创意新颖性与有用性

我们更关注创意本身对创意采纳的影响，而对于创意本身的特质，学术界已得到统一的理解，即新颖性和有用性。新颖性强调新想法的稀有性和独创性，有用性则强调新想法对现有流程和解决问题的帮助和作用。关于新颖性和有用性之间关系的重要论点可总结如下。

（1）创造力研究中，新颖性是创意创造力水平的关键指标，突破性和渐进性的区别源自新颖性（George，2007；Shalley et al.，2004；（Litchfield，2015，Gilson and Madjar，2011）将全新的产品和工艺定义为新颖，将改进目前的工作方式定义为不太新颖。

（2）新奇的感知在感知创造力水平方面占据了中心地位，而对有用性的探索紧随其后（Zhou et al.，2017）。有用是想法被认为具有创造性的必要条件，感知新颖性可以促进有用性的探索（Katila，2013；Rindova and Petkova，2007）。

（3）新想法经常遭受怀疑和抵制可能更多地归因于新颖性的变化，而不是有用性的差异。因此，只要有用性得到满足，新颖性就可能是创造性思想产生后并不一定导致最终实施的原因（Baer，2012；Mueller et al.，2012）

不少文献已经将创意的新颖性定为影响创新的关键因素（Griffin,，1997；Khurana and Rosenthal，1998；Moenaert et al.，1995）。使用信息处理理论对创意过程进行分析时，发现创意的新颖性程度决定了组织开发新产品所需要收集的信息量（Verworn，2009）。高度新颖的创意具备较高的市场和技术不确定性，阻碍了创意项目的效率（Moenaert et al.，1995）。通过实验研究的方法（Runco and Charles，1993），请五至八年级的学生完成两项任务，即"列出正方形的东西"和"列出轮子上移动的东西"，由两名工作人员对想法的有用性进行二分编码，新颖性则通过原始数据集中的统计进行唯一性定义。在这个过程中，每位学生的卡片就是个人想法的集合，每张卡片上都有一定数量有用和新颖的想法，应用趋势分析和回归分析方法，Runco 和 Charles 发现有用性与创造力和新颖性呈负相关，而新颖性与创造力呈强正相关。在 Runco 和 Charles 研究的基础上，借助联邦人才筛选检查的契机，随机抽取 1500 名七年级学生，并让他们完成一个口头和一个图形发散的思维任务，共获得 10 734 个想法（Diedrich，Benedek and Jauk，2015）。邀请 18 名学生对所有想法进行有用性、新颖性和创造性打分和评价，实验研究结果表明：（1）新颖性对创造力的影响远远大于有用性；（2）新颖性以一种简单的线性方式强烈而积极地预测创造力，新颖性越强，创造力越强；（3）在新颖性程度高的想法中，有用性与创造力相关，但在低新颖性的想法中，有用性并不能显著地影响创造力。换言之，新颖性可以准确地预测创造力，但有用性却并不一定，有用性应被视为一个二级标准，即如果一个想法不是新颖的，它的有用性并不重要；但如果一个想法是新颖的，它的有用性将决定它的实际创造力。

因此，虽然创意产生包括新颖性和有用性，新颖性一直被公认是创造力最关键的组成部分。同时，在文献研究当中，有不少文章仅从新颖性角度来定义创造力，但从来没有单独从有用性角度探讨创造力（Campbell，1960；Guilford，1957）。新颖性的特点会造成一个想法在潜在效用和可行性间的不确定性，是管理者采纳决策的关键影响因素。

3. 创意新颖性的测度

最初，对新颖性的测度建议使用简单的目标度量，如计算产生新想法的频率，（Wallach and Kogan，1965）提出了给只出现一次的答案分配分值1，给其他分配分值为0的测度方法；（Wilson，Guilford and Christensen，1953）建议需按照出现频率对每一个想法进行统计加权；而 Milgram 和 Milgram（1976）认为只给5%的答案分配分值1，其他为0，但上述方法都取决于样本的整体水平，不够客观（Silvia et al.，2008）。后来，在发散思维任务的背景下，唯一性评分成了评估新颖性的一种常见方法（Plucker et al.，2011），但同时也受到强烈批评（Silvia et al.，2008）。

（Dean and Hender et al.，2006）在其研究中指出，新颖性是衡量创意的关键结构，并用三个维度刻画新颖性的定义和特征：首先是稀有性，即这个创意是从前从未表达和出现过的想法。稀有性强调创意的独一无二和罕见的特征，通常用想法在一组想法中出现的次数来确定，与从频率视角表达新颖性程度的方法一致（Sosik et al.，1997）。但从前文的分析中可知，仅用稀有性来测度创意特征是不够的，新想法可能在组织当中被认为是独特或罕见的，但在市场中可能不是，同时，可能与组织常规问题解决模式不一致。其次是独创性，囿于稀有性方法单独使用时具有局限性，故更多的研究同时关注创意想法的稀有性和独创性特征，并将独创性定义为独创的、富有想象力且令人惊讶的想法。最后是范式相关性，即新想法与当前流行范式的关联程度，而当前的流行范式是基于创造性风格的（Kirton，1976；1989）。有学者曾提出独创性与范式相关性存在正交的结构（Nagasundaram and Bostrom，1994），但更多学者深入研究后发现，两种结构看似矛盾，实质上是倾向一致的（Garfield et al.，2001）。独创性描绘的是创意从普通、平凡到罕见和富有创造力的程度，而范式相关性表征的是创意是否包含新的元素和元素之间的关系。当一个想法具备独创性且与组织一般范式中的元素有较强的相关关系时，说明该创意对组织当前创造力范式发展是有积极联系和重要促进作用的，并不是随心所欲和不切实际的想法。（Shuye Lu，2019）在 AMJ 发表的一篇关于员工想法演示与影响策略对创意评估和实施效果的研究中，指出创意新颖性的测度更关注其突破性的程度，主要用三个题项表示：创意想法的原创性程度、创意在解决问题时方法使用的新旧程度、创意想法的突破性程度。

（三）创意新颖性的研究脉络

对于创意新颖性的研究，目前，相关研究更多将注意力放在影响因素的探索上，主要从四个方面展开讨论：一是探索个体因素对创意新颖性的影响，如果员工拥有更高的团队身份认同感，他们倾向于将来自其他职能团队的信息和想法进行交流和讨论，进而形成更多有竞争力的新想法（Deshpandé and Zaltman，1982）。研究发现，个体合作网络以及知识网络会对新颖性有显著的影响（Wang et al.,2014），具体而言，发明者在合作网络中占据更多的结构度和具备高的中心度，更有机会产生新颖性高的想法，知识网络也有类似的影响效果。

二是探索管理者因素对创意新颖性的影响，包括领导风格，如鼓励冒险的管理者，由于他们理解与创新相关的风险和不确定性，更能接纳和容忍员工在产品开发过程中的风险甚至失败。已有不少研究者发现，高层管理者的冒险倾向鼓励员工在创新团队中提出独特和新颖的想法（(Amabile，1983，1988；Amabile et al.，1996；Woodman et al.，1993）。

三是团队因素对创意新颖性的影响，产品创新团队的团队凝聚力能提高想法的有用性程度，但并不能增强新颖性程度（Im S et al.,2013）。研究发现，当团队、群体中的知识多样性程度越强时，个体产生创意的新颖性程度也越高（Malhotra and Majchrzak，2019）。

四是组织因素对创意新颖性的影响，如基于市场的员工激励制度，即组织对员工从事创造性工作和与创新相关活动绩效的奖励制度。通过激励机制推动员工产生更多样化的想法，同时也提高决策者对模糊性和不确定性高的突破性创意的容忍度（Cummings and Oldham，1997）。但短期导向的激励机制（如仅用销售利润结果奖励员工），并不能鼓励员工产生新颖性高的想法。高新颖性的想法在短期内难以获得稳定的财务预期，员工为保证收益稳定，会选择更为稳健的想法。相比之下，长期导向的激励机制（如用客户关系和满意度来衡量贡献）更能提高员工创意的新颖性程度（Jaworski and Kohli，1993）。有相关的研究同样印证了知识多样性对新颖性的正向影响作用，不过他们研究的是更微观的员工创新问题（Carnabuci and Operti，2013）。

对于新颖性结果变量的探索，目前研究的比较多的是新颖性对创新绩效的影响，以及与创意实施的关系。由于创意实施的内容包括了创意采纳、产品化和商业化三个过程，因此，创意新颖性与创意实施的关系研究可以为新颖性与创意采纳关系研究的探索奠定基础和给予部分参考（Damanpour 1988；Van de Ven 1986；Baer，2012）。目前，对创意新颖性对创意评估的影响关系研究的相关成果较少，尽管新颖性是组织更新研究的重要组成部分，但组织对新颖性的接受意味着风险和不确定性，这可能会抑制可预测的绩效（Benner and Tushman，2003）。基于最小阻力路径理论（POLR），探索众包创意的新颖性与企业创意采纳决策之间的关系（Chan，2018），研究结果显示，新颖性并不一定会增加一个想法被采纳的机会。在探索创意新颖性与创新绩效和创意实施关系的过程中，不少学者开始探索影响两者关系的调节变量，例如团队创新氛围、组织创新氛围、创新自我效能感、公平感知、合作方式等。

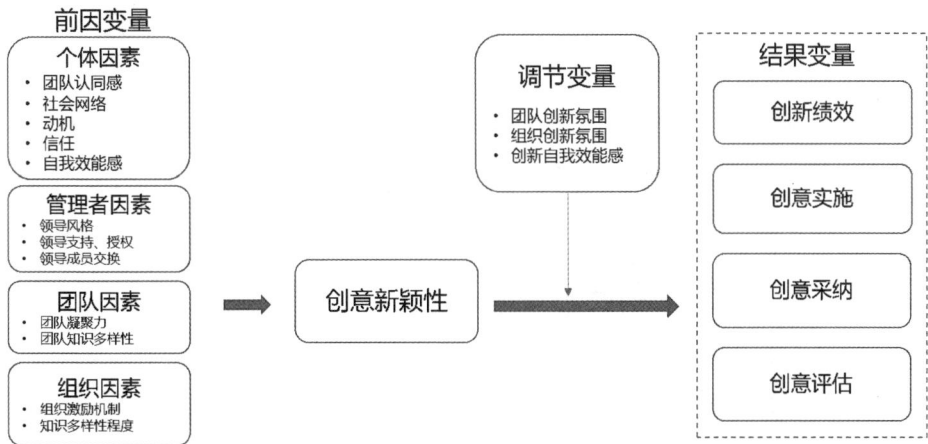

图2-3 创意新颖性的研究脉络

（四）研究评述

学术界对创意产生研究的探讨已持续多年。起初，学者们关注创意产生的数量对创新发展的积极作用，企业实践过程中亦不断强调和大力支持员工产生大量的创意想法。后来，随着创意数量的急剧增长，人们发现创新并没有像预期那样同步提高，甚至还有下滑的趋势，学者们故而开始关注创意产生的质量问题。对创意产生质量的研究最开始是基于创造力理论，将创意产生等同于创造力水平，有学者用员工个体的创造力水平大小来刻画创意的质量，还有学者用团队创造力水平的大小来测度。随后，不少学者开始探讨创意本身的质量，而不是产生创意的人的能力。在创新过程的研究当中，大多数学者对创意质量的测度和研究聚焦在新颖性和有用性两方面，而最新的研究开始关注新颖性和有用性对创新过程的差异化影响路径，同时，不少学者指出，相比于有用性，新颖性是影响创新的关键因素，新颖性所带来的不确定性和风险性是管理者采纳创意的核心阻力。

从创意新颖性的研究脉络上看，目前，更多的研究聚焦于哪些因素会影响新颖性创意的数量和质量问题，只有部分研究关注创意新颖性与想法实施的关系，更少部分研究关注创意新颖性对管理者采纳决策的影响机理，相关内容也缺乏充足的实证研究和案例研究的数据支撑。因此，本研究关注创意新颖性的特征和作用，并深度挖掘和探索其对管理者决策的重要影响作用以及剖析和展现其影响路径和适用条件。

三、管理者认知研究综述

（一）理论基础：认知观

管理者认知理论起源于心理学的认知观，主要探索的是人的认知结构是怎么样的，有什么特征，受什么因素影响（张军和许庆瑞，2018），后其被引入信息技术领域，主要探索的是用户如何接纳一项新的技术。基于技术接受理论，一项新的技术只有被接受和使用才能真正发挥其潜在价值，才能称之为被组织认可和采纳。技术接受理论最初考察的是大众和用户对某项新技术的接纳意愿和程度。最早提出技术接受模型来解决这一问题，将心理学领域的理性行为理论运用到管理信息系统的应用研究当中（Davis，1989），并指出，有用性和易用性是决定技术是否采纳的关键指标。技术接受模型（TAM）随后被大量学者深入研究，提出了多种适用于不同情景和范围的拓展模型（Venkatesh，2000；Venkatesh and Bala，2008），直至将这一概念引入创新研究领域（Choi et al.，2011），并结合组织管理情境，将信息技术领域的用户技术接纳理念延展为组织创新领域中的组织成员对创新的认知评价（cognitive appraisal）理念，开创了技术接受理论在创新领域运用的先河。随后，不少学者基于自上而下的创新过程，继续探讨了员工对组织创新的接纳过程（Jiao and Zhao，2013），即关注员工对组织创新的接纳程度和价值判断如何影响他们执行创新的积极性和效果。基于中国管理情境，将组织成员对管理方案的采纳和认可程度以"认知评价"这一指标进行测度（余传鹏等，2015）。

针对管理者如何看待新的想法和技术，延伸出管理者认知这一概念。目前，管理者认知理论已经历了四个阶段的发展（邓新明，刘禹，龙贤义等，2021）。其中，阶段一，探讨管理者个人的认知结构及其特征，主要强调认知的复杂性和集中性；阶段二，探索影响管理者认知的重要因素，例如有限理性、偏好、偏见等，以挖掘提高认知准确性的路径；阶段三，探寻管理者认知的结果变量，包括其对战略变革、创新绩效、组织行为等的影响；阶段四，挖掘管理者认知在不同情境中的特定决策行为。随着理论界和社会对自下而上创新的关注和重视，学者们开始关注并深入研究组织对员工自下而上创新的采纳问题。基于技术采纳理论，组织高层管理者或高管团队是否采纳创意，取决于创意是否具备价值和可行性。面对创意想法，创新者往往强调创意的新颖性和有用性特征，而管理者则更看重创意的价值和可行性（Mueller，2014）。在其对"长尾创新"的描述中，产生创意并不是企业最大的挑战（Fleming，2007），大部分的创意都是没有用的，企业需要考虑在大量的创意选项中，哪些具有更高的潜在价值，哪些是平庸的想法。对于预期能给企业带来最大回报的新创意应优先考虑，而剩下的想法则应该抛弃。

（二）管理者认知的内涵与测度

管理者认知的针对性文献虽然不多，但学术界对于管理者如何评价创意和创新的讨论已在多个研究领域展开，如基于创业理论的视角，机会识别指的是对创意是否存在商机的一种知觉和判断，只是机会识别的评价者包括管理者、利益相关者、委员会专家等，而管理者认知则指的是管理者对创意质量的知觉和判断。对于机会识别的测度，有三种类型，第一种是基于认知的视角，将认知识别分为盈利性识别和可行性识别，如表 2-1 所示。

表 2-1　基于认知视角的机会识别测度量表

维　度	题　项
盈利性识别	较高的收益回报
	持久的利润
	产品服务未在市场上广泛出现
可行性识别	不易被模仿
	可操作性强
	被个人和社会价值所接受

第二种是基于过程的视角，将机会识别分为机会发现、机会评价和机会开发三个阶段，其中，机会评价指的是运用认知和情感资源对所发现的机会即，可能创造的价值进行评价，与我们所关注的创意识别内涵相似，相关的测度指标是套利机会和创新机会。但由于套利机会更偏向于创业过程中的税收、资产等内容，与员工创意识别的过程相关度较低，因此不作考虑。第三种是基于能力视角，将机会识别分为警觉性识别和发展性识别，但由于这种测度方法更强调评价者本身的特质，与我们强调创意本身特质的测量目标不一致，因此也不作考虑。

表 2-2　基于过程视角的机会评价测度量表

维　度	题　项
盈利机会	利润获取、盈利空间、价差额度、税收优惠、资产收益等
创新机会	技术突破、研发升级、产品差异化、技术成果转化等

又如基于战略过程理论，自下而上的创新，即由员工或一线管理者发起的，作为一种计划外的，可能与组织战略目标不一致的行动模式，最容易受到管理者的抵制。原因主要有两个方面：一是对创新可行性的怀疑，管理者基于个人的有限理性和公司的资源限制，很难清晰地评判创意的市场价值和技术价值，无法衡量创意的风险性和不确定性，因而难以对创新的可行性进行测度和评估；二是受组织惯性的影响，管理者倾向于选择与当前战略保持一致的项目，倾向于根据当前的策略为客户创造价值，即对创意项目能否获得竞争优势的怀疑。因此，说服管理者接受创意需要借由两个过程：运用资源调动活动克服管理者对创新可行性的顾虑以及运用战略重构活动来削弱管理者自身的路径依赖（Narasimhan and Lawrence，2018），强调可行性评价的重要性。

再如基于服务创新理论，根据客户企业采纳服务创新意愿的相关研究表明，企业除了会考量价值要素，如对感知收益和成本的整体评估，还会注重关系维度的要素，如情感承诺和权衡承诺。以 336 家澳大利亚中小企业为调研对象（Riza et al.,2020），通过实证研究揭示了供应商可持续竞争优势（SCA）和情感承诺在服务创新和创新采纳行为之间的关键作用，进而揭示了企业在采纳服务创新时的两个关键评价指标：一是看供应商企业是否具备可持续竞争能力；二是看供应商企业与自身的情感联系的紧密程度。在服务创新领域，情感承诺是企业与顾客之间的重要纽带，但针对创意过程，组织会采取多种方式控制管理者与员工之间的关系对结果的影响，因此，竞争能力方面的指标更有借鉴价值。

综合借鉴机会识别理论、战略过程理论以及服务创新理论中对管理者或顾客如何评价创意项目的内容，其中，在创业领域，学者们用机会识别界定管理者对项目是否存在商机的知觉判断过程；在服务创新领域，学者们从可持续竞争优势和情感承诺两方面衡量影响管理者采纳服务创新意愿的因素；在战略过程领域，管理者用可行性和竞争性描绘自下而上创新的认知过程，其中，竞争性包括并整合了盈利性和竞争优势方面的内容，测量的内涵更为具体和丰富，更符合本研究关注的现实情境。鉴于此，本研究认为，管理者认知指的是管理者对员工创意项目质量的知觉和判断，包含管理者对创意项目的竞争性认知和可行性认知。

（三）管理者认知的研究脉络

基于对相关文献的梳理，本研究发现，影响管理者认知的前因变量主要有三个，分别是评估主体、评估客体以及组织环境。

首先，对管理者认知起根本影响的是评估主体的特征：（1）管理者个体特征对评价的影响作用，主要从思维模式、认知结构和心智模式等方面展开讨论。在思维模式方面，拥有聚合思维的管理者能从全局的角度看待问题，善于系统和开放地思考问题。拥有发散思维的管理者则善于从局部分析问题，利用其对问题的敏感性和直觉，快速判断和洞察形势。因此，善于综合运用聚合思维和发散思维的管理者能更准确地评价创意的价值。通过比较职业马戏团管理者和创造者在预测马戏节目受欢迎程度的研究中发现，管理者预测显著比创造者差（Berg，2016）。作者推测，这是由于研究对象的马戏团管理者只采用聚合思维，而创造者善于综合利用聚合思维和发散思维，因而能更精准和高效地判断节目的价值。在认知结构方面，人们普遍认为，拥有丰富的本领域知识的管理者能理解和挖掘创意的潜在价值，因而更容易识别和准确判断创意的价值和可行性。但多项研究表明，本领域知识对管理者认知的准确性影响非常有限，如（Kaufman et al.，2013）通过对专家、准专家和新手在感知产品创新性的差异分析中发现，知识经验的评价效用受知识领域影响，在文学创作领域，准专家与专家的评价一致性程度较高；在工程设计领域，准专家的评价效用较低。Moreau（2001）通过实证研究发现，拥有专业知识的专家对连续性创新产品的判断更为准确，但这些知识也阻碍了对非连续性创新产品的价值判断。在心智模式方面，Mueller 等（2018）发现，管理者倾向于采用经济性心智模式来思考问题，即优先利用理性、效率、准确性和自身利益等经济性指标来思考问题和做出判断（Molinsky et al., 2012）。由于高新颖性创意本身蕴含高度不确定性和风险性，其潜在价值高但不易挖掘，采用经济性心智模式，管理者容易过多关注创意的经济可行性而忽视了它的技术价值。（2）管理者的身份和角色对评价的影响作用。对于管理者和创新者而言，创新者评估他人创意的准确性更高，但在评价自身创意时，管理者的评价更准确（Berg, 2016）。Runco 和 Smith（1992）的研究也验证了这个想法，相比于自己的创意，创新者对他人创意新颖性的评价准确度更高，更能识别他人创意的价值。（3）管理者团队，如团队异质性、团队态度一致性对评价的影响作用。Criscuolo 等（2017）通过对特定大公司多年来的项目资助数据进行深入挖掘后发现，评价小组的工作负荷与成员的专业异质性会影响评估小组成员对于创意项目的评价与资助意愿。其中，随着工作负荷量的增加，评价者容易对新颖性产生规避态度，高新颖性创意项目获得资金支持的可能性降低；评价小组成员专业多元化能帮助评价小组识别更多的项目潜在价值，减少对优质项目的拒绝错误，增加采纳可能性。

其次是评价客体对管理者认知的影响作用：（1）创意特征对管理者认知的影响作用，即创意本身的新颖性程度会对评价有重要影响。在创意产生之前，管理者往往渴求高度新颖性的创意，以求获得拥有持续竞争力的优势项目，但在评价和选择的过程中，高新颖性的创意由于其不确定性和风险性较高，潜在价值难以显现和判断，常常遭到排斥或否决（Anderson, 2014）。如 Criscuolo 等（2017）的研究表明，项目新颖性与经费获批率呈倒 U 型关系。Boudreau 等（2016）对科研项目申请书的研究也有类似结果，即申请书的新颖性每提高一个单位，同行评议排名就下降 4.5 个百分点。（2）创新者特征对管理者认知的影响作用，即创新者在创意和创新方面的经验和能力对管理者认知有重要影响作用。如 Huang 等（2018）在研究风险投资者如何选择项目时发现，对是否投资初创企业，风险投资人除了评估企业的商业模式和运营数据外，对核心创业者本人的潜力和经验也十分关注（Huang, 2018）。

最后是组织环境对管理者认知的影响作用：（1）管理者与创新者之间的互动，即在创意评价过程当中，创新者或创新团队为提高创意采纳的可能性，会主动地利用各种渠道向管理者宣传、展示和推广创意，以获得他们的支持和认可（Perry-Smith and Mannucci，2017；Lu et al.，2019），而管理者亦不会被动地接受影响，他们会主动搜寻各种信息以获得对创意项目更为全面和客观的判断（Huang，2018）。（2）组织情景特征对管理者认知有重要影响作用，如组织内的规范、文化和价值观等。Zhou等（2017）发现，与追求收益价值的目标相比，追求避免损失目标的价值观降低了管理者对新颖性与创造性评估的准确性。

管理者认知的结果变量主要体现在两个方面，分别是组织战略行为和组织绩效。首先，在管理者认知与战略行为的关系研究当中，现有研究关注管理者认知对战略变革的影响。如Nadkarni（2008）研究发现，管理者的认知框架对其能否识别环境信息以及是否采取战略变革行动有显著影响作用，但尚航标等（2014）进一步指出，管理者认知集中性对战略变革有负向影响。邓新明等（2021）将管理者认知分为复杂性和集中性两个维度，并通过实证检验证实认知复杂性对战略变革有正向影响作用。其次，在管理者认知与组织绩效关系研究当中，现有研究强调管理者认知对组织创新能力培育和创新绩效提升有重要作用。张军等（2018）指出组织创新的关键是认知，其中，管理者对内部因素的认知（资源认知）以及外部环境的认知（环境认知）正向影响企业创新能力。Nadkarni和Barr（2008）基于255家企业的数据，研究发现不同的管理者认知对企业绩效有差异化的影响效果，而形成这一结果的关键机制是不同战略行为在其间的中介作用。

（四）研究评述

现有研究对管理者认知内容的探索仍较为碎片化，目前，拥有较多成熟成果的是从创业视角出发，以机会识别理论为聚焦点，将管理者如何评价创业项目的评判依据分为盈利性识别和可行性识别，并深度挖掘两种识别结果的影响因素和结果变量。服务创新方面的研究则从消费者的角度出发，以客户企业采纳创新意愿的角度出发，将企业管理者如何判断创意项目的评判依据分为可持续竞争优势和情感承诺。战略过程方面的研究从管理者特质的角度出发，考虑管理者所固有的不确定性规避和路径依赖特征，认为可行性（包括适用性、易用性等）是管理者采纳创意的重要考量因素，同时项目的价值和竞争力水平亦十分重要（Riza et al.，2020）。本研究关注创意从产生到采纳的全过程，与战略过程研究中关注的内容较为一致，但无论是内部创新还是创业，无论是战略管理理论还是创业管理理论，皆提及可行性评价在其中的关键作用；同时，无论是服务创新理论，还是战略过程理论，皆关注竞争优势和竞争力在管理者评判项目价值中的重要作用。

从管理者认知的现有文献梳理结果来看，绝大部分研究皆关注其影响因素，并可归纳为三方面的内容，即评估主体、评估客体以及组织环境，少有研究探索管理者认知在创新过程中的重要作用和影响路径问题。本研究希望在前人的研究基础之上，立足创意过程，在归纳和整理管理者认知内容关键维度的基础上，深度挖掘和探索创意新颖性和创意采纳之间可能的影响路径和适用条件，希望能够解释并阐明目前不同学者在关于创意新颖性与创意采纳之间关系的研究中，产生分歧和差异的可能原因。

四、创意采纳研究综述

（一）理论基础：创新采纳理论

创意管理由于涉及战略、市场以及资源配置等众多因素，具有高度复杂性，其管理效能直接影响组织创新的水平（West，2002），其中，管理者对创意的评估和采纳是创意管理的重点。创新采纳理论重在剖析组织在筛选创意项目时的一般步骤及其关键指标（Lin and Su，2014；林春培和庄伯超，2014）。部分研究深入探讨不同层级管理者在评判和采纳创意时的顾虑和评价差异，最为经典的是 Burgelman（1983）提出的 B-B 模型。该模型基于战略过程理论，围绕多元化企业 ICV（internal corporate venturing）活动及新业务形成问题，将决策者分为新业务团队管理者、新产品开发部管理者和公司层管理者三种，分别探索不同层次管理者在面对初期自主创新活动时的角色和决策差异。但 B-B 模型的基本分析单位是战略行动，不是组织中的个体，无法关注和剖析员工影响策略的选择和使用问题；同时，B-B 模型认为资源是企业的固有属性，并未探讨资源的潜在价值及其利用问题。

创新采纳过程中创意方案评估和采纳阶段与我们所关注的管理者认知和创意采纳内涵一致，不同的是，创新采纳的创意来源可以是组织内、组织外以及合作创新（余传鹏，2015），而本研究中，管理者认知和创意采纳的对象是组织内员工的创意，采纳的主体是管理者，采纳的是与产业发展和技术进步紧密相关的创意想法或项目，根据创意的内容，可分为产品、服务和流程三种类型。组织创新采纳研究引导我们关注管理者在创意过程中的关键"守门人"角色，不同管理者在筛选和管理创意时有不同的考量和评判标准，但员工如何针对管理者特质采取不同的说服行为则并未深入探索，亦未将评价和采纳过程进行区分。

（二）创意采纳的内涵与测度

创意采纳指的是组织高层管理者或高管团队认可和支持员工个人或团队的创意，给予创意项目合法性席位并允许其进一步开发。当高层管理者认可创意的新颖性、实用性和适用性，赞赏创意初步实现的效果，亦从多个渠道获得他人对创意项目的支持态度后，他们会对创意项目做出最终的决策。

对创新采纳过程的研究为我们衡量和测度创意采纳提供了理论基础和思路。对创意价值和适用性的肯定属于管理者认知过程的内容，而采纳决策则主要表现在管理者是否允许创意进一步开发及其对创意开发的支持程度。现有研究更多考量的是管理者个人对创意的采纳意愿和态度，引用最多的是 Burris（2012）关于管理者纳言的测度量表，包括五个题项，分别是"你有多大可能会将这个建议传达给上级"，"与其他管理者交流的时候，你有多大可能会将这个建议告诉他们"，"我觉得这个建议应该被实施"，"我同意这个员工的建议"以及"我觉得这个建议是有价值的"。Fast（2014）则在 Burris 的基础上，将高层管理者作为组织的代表，将组织采纳建议的意愿用三个题项表示，分别是"我会修改组织议程，将创意项目加进去"，"创意使我重新思考组织战略方向"，"我认为这个创意项目对组织而言非常有价值"。纳言与创意采纳之间存在差异，员工提出的建议内容一般与组织战略目标与现有主营业务或流程一致，更多是改进或补充型的建议，管理者在评价时主要关注建议是否有效、可行即可。但创意则不同，特别是新颖性程度较高的创意，往往与组织现有流程和主营业务并不一致，管理者在采纳过程中，不仅需要考虑创意本身的价值，还需平衡现有业务与未来发展，既得利益者与潜在获益者，主导逻辑与创新变革之间的矛盾和冲突，需要具备一定的技术、环境、社会条件支撑。例如 AI 技术，在 1956 年已首次被提出，但直至 2016 年 Google Deep Mind 开发的人工智能围棋程序 AlphaGo 战胜围棋冠军后，AI 技术吸引了全世界的目光，才开始广泛应用于多个领域，许多企业也才纷纷引进和学习 AI 技术。这一形态的变化是由于当下的环境、技术和政策有益于 AI 的发展，组织对发展 AI 技术所带来的风险和成本有更大的容忍度，对 AI 技术的发展前景和收益有更大的憧憬，因此，即便对 AI 技术本身成本和竞争力的价值判断一致，组织对其的采纳意愿也会发生变化。

（三）创意采纳的研究脉络

通过对创意采纳相关文献进行梳理后发现，影响创意采纳的因素可以分为五个方面（如图 2-4）。一是创意本身对创意采纳的影响，包括创意的特征，如新颖性、有用性以及创意类型，如突破性创意和渐进性创意对创意采纳有差异化的影响效果。Gilson 和 Madjar（2011）在其研究中指出，渐进性创意更加稳定，它侧重在现有技术基础上的改进和完善，容易被管理者认可和接纳；而突破性创意更具挑战性，其侧重前沿领域的技术突破和新技术探索，容易被管理者拒绝。Da Silva 和 Oldham（2012）的研究也印证了这个观点，他们以一家大型公共图书馆的 93 名员工为研究对象，发现若员工创意不具突破性时，则提出的数量越多，能够采纳和实施的创意亦越多，但当创意具备突破性时，创意数量与采纳、实施数量之间的关系会变弱。

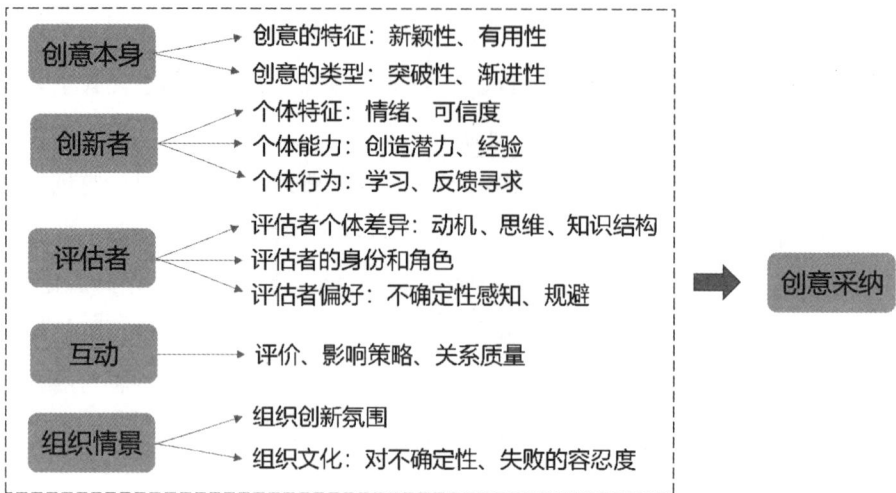

图2-4 创意采纳研究脉络

二是创新者本身的特点对创意采纳有重要影响，如个体特征、个体能力以及个体行为等。其中，个体以往的成功经验以及个体反馈寻求行为的研究亦越来越受到学术界的关注，但相关研究仍存在一定的空白。Tierney 和 Farmer（2002）认为，创造力自我效能感对创意采纳呈现出正向的影响作用。

三是管理者，即评价者本身对采纳的影响，如管理者个体的动机、思维以及知识结构的差异等。管理者的身份和角色以及管理者对不确定性的感知和容忍程度都对采纳意愿有重要影响。Rosing，Frese 和 Bausch（2011）对领导与创新关系进行元分析后发现，变革型领导有助于提高研发团队的整体创新业绩。研究表明，管理者对新思想中不确定性的规避态度不利于他们对创造性思维的承认，进而影响其对高新颖性创意的采纳态度（Mueller et al.，2012，2017）。

四是管理者和创新者之间的互动关系对创意采纳的影响，如管理者对创意的评价、创新者向管理者倡导创意以及领导成员关系等对创意采纳有关键性的影响，但目前相关研究仍存在一定的空白。Rosing，Frese 和 Bausch（2011）基于领导—成员交换理论认为，管理者支持对创意采纳比对创意产生更重要。

五是组织情境对创意采纳的影响，如组织创新氛围、组织文化特征等。Hammond 等（2011）发现，环境因素（如创新氛围、创新文化、目标导向、主观支持等）对创意采纳的影响比对创意产生强。本研究更关注互动视角当中管理者如何评价创意以及创新者如何向管理者倡导创意的过程及其对创意采纳的影响关系。

（四）研究评述

创意采纳是创意过程以及创新过程中的重要环节，现有研究仅把创意采纳作为创意实施中的一个维度，并未加以深度研究。现有研究在探讨创意特征对创新成败的影响时，得出的结论千差万别，究其原因在于创意从产生到实施的过程中，涉及的影响因素太多，影响路径太长。为了能进一步细化和针对性地解答"为何管理者渴求却又往往拒绝新颖性高的创意？"以及"员工可以采取何种手段提高管理者对创意项目的采纳率？"等问题，本研究不关注创新过程中的产品化和商业化的过程，仅关注创意过程，即创意从产生到采纳的过程。

从创意采纳的研究脉络上看，学者们主要从五个方面对其展开研究：创意本身的特征对采纳的影响、创新者的特征对采纳的影响、采纳者的特征对采纳决策的影响、创新者与采纳者之间的互动关系对采纳的影响、组织情境对采纳的影响。目前，研究成果最为密集的是创新者特征、采纳者特征以及组织情境特征对创意采纳的影响，积攒了大量的成果，但对于不同类型的创意以及创新者与采纳者之间的互动如何影响采纳的相关内容仍有待挖掘。同时，不少学者都关注并且强调日后的研究要着重关注创新者与采纳者之间的互动和行为对采纳决策以及创新过程的重要影响作用（朱桂龙，温敏瑢，王萧萧，2021）。因此，本研究关注创意新颖性特征对采纳的影响，以管理者认知过程为关键路径，探寻管理者与创新者之间的互动和倡导过程如何对这一关系起重要影响作用。

五、创意倡导研究综述

（一）理论基础：影响策略理论、议题销售模型

向上影响策略指的是员工如何采取不同的主动性行为和影响策略，以获得管理者对其创意想法的支持和认可（Yukl，2008；Lee，2017）。管理者在面对自下而上的员工创新时，往往会选择拒绝或忽视该创意，学者们对此给出了四种原因：一是管理者存在有限理性和路径依赖，即倾向于应用他们现有的框架和经验来评估新的想法，这会影响他们识别和评价创造性想法的过程。Berg（2016）研究发现，与"创新者"角色相比，管理者角色限制了个人的发散思维，限制了他们对创造力的评价；二是不确定性规避，Mueller 等（2012，2018）研究表明，管理者对新思想中不确定性的规避态度不利于他们对创造性思维的承认；三是管理者的时间和注意力都是稀缺资源，他们会选择性注意那些与组织战略目标一致的，或是与他们专业和熟悉领域相关的创意（韩雪亮和王霄，2015）；四是组织资源有限，很难说服管理者将有限的资源用在不熟悉甚至与组织战略方向不一致的项目（Shuye Lu et al.，2019）。此时，下属能否通过一系列主动性行为和影响策略引起管理者对创意的兴趣，影响甚至改变他们对创意的态度和评价至关重要（Schriesheim and Hinkin，1990；Yukl，2008）。向上影响策略理论的研究为员工如何推广创意想法提供了多种有益思考，但针对创意过程的不同阶段该采取何种影响策略则并未讨论。

议题销售是指个人为了影响他人（组织当中的任何个体，不仅仅是管理者）对问题的关注和理解而做出的行为（Dutton and Ashford，1993）。为阐明员工如何采取主动性行为来获得主管对创新想法认可的过程，Dutton 和Ashford（1993）构建了双过程的议题销售模型，其中包括议题包装以及议题推广双重机制。议题包装指的是员工将创意与有价值的组织成果联系起来（如组织的盈利能力、市场份额、组织形象、声誉、愿景或战略），其目的是提高创意的理解度和可行性。议题推广关注两方面的内容，一是通过向上级、同级、下级甚至组织外人员推广创意，使其认可创意或加入创意项目当中，增加组

织中认可创意项目的人员数量；二是通过正式或非正式的渠道推广创意，增加在组织中宣传和倡导创意的机会和场合。

向上影响策略与议题销售模型所关注的主题都是员工如何说服管理者采纳他们的建议、意见或想法的过程，因此，两者是包含、互补还是替代的关系呢？现有研究对这一问题亦有所研究和思考，向上影响策略是议题销售模型中销售过程的一个部分（Shuye et al.,2018），但该文章并没有对相关的量表进行整合；又如 Dutton 和 Ashford（2001）在其研究中指出，向上影响策略中包括了一些议题销售模型的策略，并通过整合两个框架，形成了新的评价标准；再如 Dulaimi（2005）在其研究中明确指出，向上影响策略是议题销售的一部分，建议日后的研究要将两者的内容结合起来。

（二）创意倡导的内涵与测度

在对创新阶段性模型的研究当中，学者已留意到很多文章都提到了创意倡导，部分文献还强调了创意倡导对创新过程的重要作用，如在技术创新领域，Howell（1990）将创意倡导定义为个人表现出对新想法的信心，并通过多种努力推动他人参与和支持创意，他在研究中提出了倡导对实施的重要性。1994 年，Howell 在其后续研究中强调了倡导行为对绩效的重要性；2004 年，他提出创意倡导是创意产生之后，为创意实施创造有利条件的关键行为，对于促进创新转化为对有益于组织发展的原动力有积极作用。2017 年，Perry Smith 也强调了这一作用，但上述的文献都没 w 有从实证的角度对这一关系进行验证。探讨创意倡导在创意产生与创意实施关系中的影响作用的文献很少，其中，Holman（2012）这篇文章虽然研究了三者的关系，但其重点是研究不同学习策略如何影响员工创新行为，并不是三者的关系。Cerne（2015）和刘明伟（2019）强调了创意倡导的影响作用，而对于创意倡导的测度和衡量采用的是 Janssen 的三个题项的量表，但这个测度过于简单，并不能将这一过程的机理完全剖析。张鹏程、蒋美琴和李菊等（2018）在 Howell 研究的基础上，将创意倡导定义为对新颖想法有信心并设法得到他人支持，以获得推进这个想法的支持和批准。他们通过实证研究发现，领导权力分享与倡导之间存在非线性关系，即倒 U 型关系，但文章更多探求的是创意倡导的影响因素问题，对于创意倡导在创意过程中起的重要影响作用未做深入研究。因此，本研究希望对创意倡导的现有研究进行深入挖掘，试图利用向上影响策略和议题销售模型对创意倡导的具体维度进行深入挖掘和刻画。

在向上影响策略的研究当中，对影响策略行为表现的挖掘最初是从印象管理策略和政治策略中延伸而来的。后被引入创造力研究领域，用以探索员工可采用哪些影响策略来影响甚至改变他人对创意的看法（Kipnis, Schmidt and Wilkinson, 1980; Yukl and Falbe, 1990; Yukl, 2008）。对于影响策略的测度，学术界进行了多年的探讨。Kipnis, Schmidt 和 Wilkinson（1980）通过开放式问卷的方式，基于 165 名一线管理者的倡导经历，总结了一套含 58 个题目的问卷，并让管理者给出对应的实施频数，最终筛选出 33 个题目并发现了 8 个影响维度：自信、奉承、理性、制裁、利益交换、跨级寻求协作、封锁和联盟。Yukl（1990）更新和重新审视了 8 个指标，其中包括代表 Kipnis 等研究建立的量表中的 6 个题项：理性、奉承、利益交换、自信、跨级寻求协作和联盟，"制裁"和"封锁"被删除（Schriesheim and Hinkin, 1990）的研究成果也证明了这一结论，同时，基于魅力和变革型领导理论，新增鼓舞人心和咨询两个指标。Yukl 在其 2008 年的研究当中，将 8 个指标延伸至 11 个指标：理性说服、咨询、鼓舞人心的呼吁、寻求协作、奉承、个人魅力、利益交换、联盟、合法化策略、施压、推进目标实现。Lee（2017）对 11 个指标再进行检验，发现最有效的是合理说服、鼓舞人心、寻求协作、咨询、奉承和推进目标实现，最无效的是施压。

管理有效性最重要的决定因素之一是成功地影响下属、同行和上级，对不同的对象其影响策略也有所不同：Kipnis（1980）研究发现，自信、制裁、逢迎（奉承）和理性适用于三种类型的对象；利益交换、封锁和跨级寻求协作更适用于向上影响；联盟更适用于向下影响。Yukl（1992）的研究证实了理性说服更适用于向上影响，鼓舞人心、施压更适用于向下影响，逢迎、个人魅力、利益交换、合法化策略、联盟更适用于同行。Falbe 和 Yukl（1992）认为，在向上影响的过程当中，使用软策略 + 理性策略会比任何单独的策略或是软策略＋硬策略更有效（其中，软策略包括鼓舞人心、咨询、奉承等，硬策略包括联盟、合法化，理性策略指理性说服）。Yukl 等（2010，2008）确定了四种持续有效的向上影响策略，即合理说服、咨询、鼓舞感召、寻求协作。Shuye Lu（2019）在实证研究中使用理性说服、鼓舞人心、咨询和寻求协作四个策略作为重要的向上影响策略。

在研究员工向上影响策略的文章中，使用的比较多的分类标准有两种。第一种是 Schriesheim 和 Hinkin（1990）的分类标准：自信、讨好、理性说服、利益交换、跨级寻求协作、联盟，但这种分类并没有使用在对创意倡导和创意实施研究的文献当中，反而多用于个体如何提建议的文章当中。第二种影响策略是 Yukl（2008）研究中指出的四种方式：理性说服、鼓舞人心、咨询和寻求协作。这种分类方法得到了众多学者的广泛应用，特别是在创意倡导和创意实施的研究领域。本研究沿用这一分类标准，同时参考议题销售模型的内容加以补充和完善，整合内容如下图所示。

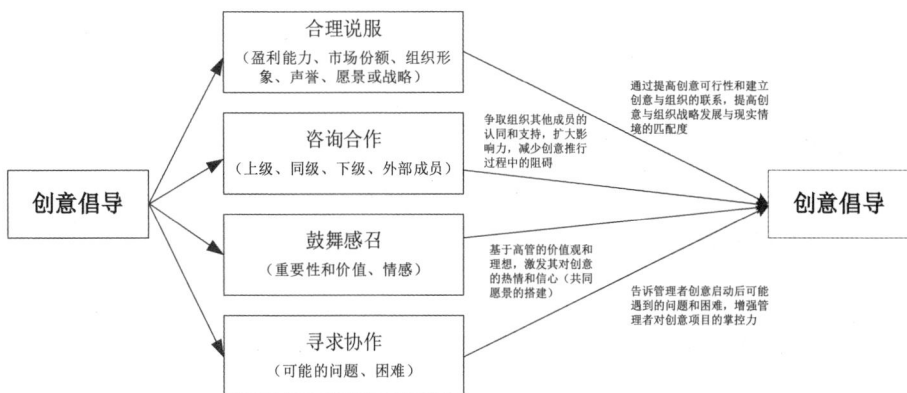

图2-5　创意倡导影响路径

（三）创意倡导的研究脉络

对创意倡导的探索最初源自对员工创新行为的研究，学者们开始关注创意倡导和推广对创新过程的重要影响作用，但针对性的研究还比较少（Janssen，

2000；张鹏程等，2018）。随后，在对主动性行为的研究过程中，创意倡导作为典型的员工主动性行为，得到了学术界更为深入的针对性研究，并产生了诸如向上影响策略、议题销售模型等理论和模型成果（Kipnis，1980；Yukl and Falbe，1990；Yukl，2008）。目前，对创意倡导的研究仍较多停留在对其影响因素和结果变量的探索，对于倡导行为是如何影响创意项目的成败，以及倡导行为对于管理者认知创意有何影响等问题还有待进一步挖掘。

对于创意倡导的影响因素，学者们进行了大量的探索，如 Axtell et al.（2000）通过实证研究指出，员工参与决策与创意倡导有正向影响关系。陈晨、时勘和陆佳芳（2015）的研究细化了上述结论，他们发现决策参与通过增加个体的工作自主权，进而促进个体的创新行为（其中包括了创意倡导的行为）。员工创造力对创意倡导有正向影响作用，Choi（2016）以 52 个工作团队为研究对象，实证研究证明，员工创造力对倡导行为有正向影响作用。过度授权对创意倡导有消极影响，Wetzels，Uyte 和 Bloeme（2000）认为过度授权会导致个体的角色模糊，而角色模糊会增加个体心理和行为上的退缩行为，进而不利于创意倡导等主动性行为的实施（Bettencourt and Brown，2003）。顾远东、周文莉和彭纪生等（2014）在其研究中将创意推广（内涵与创意倡导一致）作为员工创新行为的一个维度，并由实证研究得出，组织支持感对创意推广有积极作用，并呼吁学术界关注和深入进行创意推广方面的研究。张鹏程等（2018）通过对一家 IT 教育科技企业的 62 个团队共 291 名员工的调查研究发现，领导权力分享对个体创意倡导存在倒 U 型关系，即领导权力分享处于适中水平时，个体有最大的意愿进行创意倡导。

对于创意倡导的结果变量问题，Howell 等（2001）研究发现，创意倡导行为有利于提高个体对新想法的支持程度，包括推动他人参与该项目以及激励他人支持创意发展等作用，进而促进创意转化为对组织有益的绩效成果。创意倡导对团队创新有正向影响作用。Howell 和 Shea（2006）基于创新的多阶段理论认为，创新者在面对组织成员尤其是组织当中的技术和创新"守门人"时，如何和能否获得他们对创意项目的认可和支持尤为重要。创意倡导是降低创造性想法在实施过程中可能遇到管理者质疑的关键举措，它在创造性想法转化为创新绩效过程中发挥重要作用（刘明伟等，2019）。

（四）研究评述

创意倡导在创新过程中有重要作用，如 Perry Smith（2017）通过构建创新过程四阶段模型，认为创意倡导在创新过程中有重要作用，是创造力转化为实际创新的关键阶段，具体而言，高创造性的员工通过集中更多的信息和资源，通过倡导过程积极推进创意的顺利实施。Frost 和 Egri（1991）的研究也曾指出，创意倡导是创意产生与创意采纳之间的缺失环节，具有创造力的员工在提升自我、实现成就和促进组织发展等内在动机的驱动下，有主动倡导创意想法的意愿和动力，这种积极主动的行为能帮助组织成员和管理者更好地认识和理解创意的潜在价值和可行性，最终有利于创意的采纳和实施。

关于创意倡导是如何在创新过程中起作用的，现有研究从议题销售理论和向上影响策略理论出发，探讨了多种途径，其中，Yukl（2008）分类标准中的理性说服、鼓舞人心、咨询和寻求协作四个影响策略是获得最多认可和实证验证的有效方式。本研究关注创意倡导在创意过程中的重要影响作用，同时，以 Yukl（2008）分类标准中的理性说服、鼓舞人心、咨询和寻求协作四种方式作为主要的影响路径，希望能进一步挖掘和分析创意倡导的不同方式对创意过程的影响作用。

六、文献评述

针对如何提高采纳率等问题，以往学者从两条平行的主线出发，分别关注创意供给方的创造力水平和创意需求方的决策偏好和风险容忍度。对于两条主线的交叉处，即如何促成供需双方的平衡和匹配问题仍有待挖掘。"变异—选择—保留"模型提醒我们，在关注供给方"变异"效果以及需求方"保留"偏好的同时，更要关注"选择"这一机会窗口。创意的选择过程到底包括哪些考量因素？这些因素是如何引发管理者的矛盾心态的？管理者又该如何调节和平衡这些矛盾呢？员工如何利用这个机会窗口提高采纳意愿呢？为探索和解答上述问题，本研究根据"变异—选择—保留"模型，聚焦管理者对创意的"选择"过程，以创意新颖性程度刻画新想法对于组织常规项目而言的"异变"程度，以管理者认知过程展现决策者在评估、筛选新想法的复杂和矛盾的心态，以采纳意愿展现最终管理者保留创意项目的意愿和水平，并在此基础上探索提高创意采纳可能性的路径和措施。

通过对本研究借鉴的"变异—选择—保留"理论模型及关键核心变量：对创意新颖性、管理者认知、创意采纳、创意倡导进行系统的文献梳理和评述，现对本研究情境下，各变量间关系的研究进展作如下评述。

（1）创意新颖性对创意采纳的影响研究：以往有大量研究探索创意供给方，如创新者或创新团队的创造力水平对创意采纳的影响，以及创意本身的数量和质量对创意采纳的影响。由于管理者做出决策时的评价对象是创意本身，因此，越来越多的研究关注创意质量对采纳意愿的重要影响。对于创意质量的测度，学者们多用新颖性和有用性的综合指标来衡量，但现有研究指出，单纯观察和测度有用性或有用性和新颖性的综合指标无法深度挖掘和剖析影响管理者采纳决策的核心障碍，而新颖性才是关键。同时，少有研究深度探索新颖性与创意采纳之间的影响机理。因此，有必要将新颖性作为重要关注点，以此剖析管理者渴求却又拒绝创意的矛盾心态，进而挖掘影响创意采纳的又一关键核心要素。

（2）创意新颖性对管理者认知的影响研究：对于管理者如何评价新颖性的问题，现有研究存在差异化的影响结果，如 Baron（2004）用可行性和盈利性作为管理者对项目是否存在商机的判断指标；如 Riza 等（2020）从可持续竞争优势和情感承诺两方面衡量影响管理者采纳服务创新意愿的因素；再如 Eggers 和 Kaplan（2014）提出潜在机会和可行性是管理者考量的关键要素，但相关研究目前仍停留在理论探索和实验研究的过程，需要更多现实情境下的实证研究的数据支持。因此，对于新颖性的创意，管理者从哪些关键指标去衡量其价值并做出判断呢？有待深入挖掘。

（3）管理者认知对创意采纳的影响研究：管理者认为具备高价值的创意就一定会被采纳吗？并不一定。例如柯达的员工史蒂夫发明了第一台数码相机，当他将创意产品介绍给主管时，主管高度赞扬了创意的价值，但由于柯达的主营业务和重要战略方向是胶片市场，而数码相机不需要用到胶片，管理者最终拒绝了这一创意并将其雪藏。那么在这一过程中，员工可以做出何种努力帮助创意获得合法性席位，提高管理者的采纳意愿和可能性呢？这方面的研究目前还仍有较大的探索空间。

（4）创意倡导对创意过程的影响研究：在对管理者认知进行探索的过程中，我们发现，管理者评价创意的时候，不是独断或孤立决策的，创新者可以通过正式或非正式的方式与管理者进行沟通和交流。同时，管理者亦会咨询和聆听其他管理者、技术专家、第三方权威机构以及其他员工的意见和建议，因此，创意倡导对于管理者如何认知和评价创意项目尤其重要。目前，关于创意倡导的研究更多停留在对创意倡导的理论基础和维度的探索，而针对现实情境下的倡导路径、渠道和影响效果等问题仍有待进一步挖掘。

本章首先对创意过程进行了界定和辨析，深入分析创意过程与创新过程的联系和区别，并在此基础上，关注创意过程中影响创意新颖性和创意采纳的关键参与者和核心因素。通过对创意过程的剖析，我们发现现有研究对创意新颖性和创意采纳之间的关系研究仍处于起步阶段，许多问题仍未得到深度挖掘：一是目前对影响因素的研究着重在个体层面和组织层面展开，对管理者和团队方面的影响因素挖掘深度不足；二是创意新颖性与创意采纳之间的作用机理及影响路径仍有待探讨；三是创意产生于个体，却是管理者来评定其价值并作出采纳与否的决策，个体对创意创造力价值的评价与管理者的评价标准是否一致？而这种不一致会不会是导致员工虽产生了众多有价值的创意，但管理者却往往拒绝它们的原因？上述问题皆有待深入研究和探讨。为此，本研究针对创意新颖性、创意采纳、管理者认知和创意倡导四方面的文献展开了进一步的细致阅读和详细梳理。通过对现有研究的对比分析，我们提出了该领域可能的一些研究不足和空白点，并在此基础上，提出了本研究的主要研究对象和关系，对核心变量在本研究中的适用情境、内涵和外延等内容进行了细致讨论，为后续的理论模型和研究假设的提出奠定坚实的研究基础。

第三章　探索性案例研究

Eisenhardt 和 Graebner（2007）在其研究中指出，案例研究是运用一个或多个案例创建理论架构、命题或中间理论的研究策略和方法，是构建理论的最佳方式。在第二章文献综述的基础上，本章关注创意新颖性与创意采纳之间的影响关系，管理者是如何评价和筛选创意项目的？员工又是如何倡导和说服管理者认可和接纳创意的？我们能否从企业实践中得到某种启发？通过对典型案例的探索、挖掘和提炼，将创意过程的黑箱打开具有重要作用。在现有文献中，关注这一过程机理的研究较少，典型案例研究能帮助我们补充和完善现有研究中解释不充分的内容。案例研究通过详细描述和系统理解典型案例，从动态互动和独特情境出发，勾勒出相关变量之间的可能关系。

一、案例研究方法

作为社会科学最为主要的研究方法，案例研究方法具有其独特的魅力和作用，它能帮助研究者挖掘、分析、抽取和提炼管理实践现象中的隐藏关系和隐性知识（如表 3-1）。案例研究方法与其他研究方法相比，更适用于回答"怎么样"（解释某一结果和现象是什么）和"为什么"（分析现实问题产生的原因）的问题，侧重于对"过程"的挖掘和探究（Yin,2014）。Elsbach（2010）提出案例研究方法的价值在于：第一，还原情境，把握研究对象所处的情境脉络，全面地感知和搜寻可能的影响因素，帮助回答为什么的问题（Johns,2006）；第二，展现过程，利用故事线来描绘事件发生的过程（Yin,2003），以便还原和展现怎么样的问题；第三，揭示关系，从复杂社会现象中提炼重要的变量关系，以验证已有的理论和假设（邹纯龙，2020）。案例研究方法从案例个数来看，可以分成单案例研究和多案例研究（Yin，2003）；从研究目的上看，可以分为探索性、描述性、解释性（因果性）和评价性四类。

表 3-1　案例研究与其他研究方法的比较

研究方法	研究问题的类型	是否需要对过程进行控制	研究的焦点是不是当前的问题
实验法	How,why	是	是
问卷调查法	Who,what,where,how,many,how,much	否	是
档案分析法	Who,what,where,how,many,how,much	否	是 / 否
历史分析法	How,why	否	否
案例研究法	How,why	否	是

二、案例研究设计

综合大量的案例研究文献成果，大多数学者认同并采取如下探索性案例研究步骤：第一步，研究问题的确立和界定，核心目的是对理论的抽象和预设（Eisenhardt，1989；Yin，2003；王黎萤，2009）；第二步，选择合适的主体或案例，包括对案例数量和研究对象的反复斟酌；第三步，资料收集和梳理，通过采取多种数据收集的途径和方法，尽可能全方位地把握所选案例的情况；第四步，分析资料，结合多种类型的数据和材料，对案例或案例间的关系进行分析和挖掘（陈晓萍和徐淑英等，2012）；第五步，研究结果的比较和研究报告的撰写（项保华和张建东，2005）。

（一）研究内容及框架

案例研究并非仅仅对现象进行描述，为确保分析框架的可靠性，案例研究需要研究者对关键概念进行清晰和明确的定义和测量，以期能尽可能地降低由于作者主观意志引发的偏差（毛基业和苏芳，2015）。越来越多的企业强调并积极推动员工创新，但当员工提出新颖性高的创意项目时，管理者却往往拒绝它们，在创意从产生到采纳的过程当中，管理者是如何评价和筛选创意的？员工会采取哪些措施和途径倡导创意以提高采纳的可能性呢？创意拥有两个重要的特征，一是新颖性，二是有用性。对于这两个特征之间的关系，大部分学者认同创意的新颖性是影响管理者决策的关键要素（Baer，2012；Zhou et al.，2017；Shuye Lu et al.，2019）。由于新想法经常遭受怀疑和抵制，并更多地归因于新颖性的变化，而不是有用性的差异（Mueller et al.，2012），因此，本研究更关注创意新颖性对管理者采纳的影响。管理者对创意项目的认知评价过程是组织决策中的关键，在战略研究、服务创新研究以及创业研究等领域从不同角度对管理者如何评价项目进行了大量的研究。在战略研究方面，研究者主要从可行性和独特竞争优势维度对项目的价值进行评判（Narasimhan and Lawrence，2018）；在创业研究方面，研究者关注机会识别的问题，从营利性识别和可行性识别两个方面对创意项目是否存在商机进行知觉和判断（Baron，2004）；服务创新研究方面，研究者从情感承诺和竞争优势等方面对项目是否能被管理者认同进行了多项讨论（Riza et al.，2020）。在企业实践过程当中，管理者会采用何种方式评价和筛选创意？围绕创意新颖性是如何影响管理者采纳的问题，本研究主要关注以下三个问题：第一，管理者如何评价创意项目？第二，新颖性的高低会对管理者采纳项目有何种影响？第三，员工会采取哪些途径和渠道倡导和推广创意项目，最终提高管理者的采纳可能性？

（二）案例选择与研究方法

单案例研究主要用于对典型案例进行"解剖"，对现有理论进行补充和说明，进而形成对某一社会现象的全方位和深入理解。单案例研究更倾向于对事件发展脉络和演进过程的纵向追踪，适用于验证理论，但不适合探索性研究和系统构建新的理论框架（余菁，2004）。多案例较单案例研究而言，具有更佳的效度（Eisenhardt，1989），通过不同案例间的路径挖掘和对比分析，进而预测和对照类似结果形成的原因和相关关系（Yin，2000），增加研究结果的普适性和理论的完整性（陈国权和李赞斌，2002；孟东辉等，2018）。由于本研究探讨创意新颖性与管理者采纳之间的影响关系，希望通过挖掘不同案例当中，不同企业、不同管理者在不同情境下的评价过程和结果，进而挖掘其中的内在机理。因此，采用多案例的研究方法更能增加探索性案例研究的有效性。Eisenhardt（1989）认为四到十个案例是归纳和构建理论的理想案例个数，本研究基于研究的需要，参照 Eisenhardt（1989）、Yan 和 Gray（1994）等学者的建议，最终选择了四个创意项目为探索性案例研究对象。基于研究典型性、数据可重复性、信息可获得性和便利性原则，本研究选择搜狗浏览器研发、华为加密通话语音技术、华为自动测试更新软件以及美的微电解空气消毒器四个创意项目作为分析案例。案例企业的基本情况如下表所示。

表 3-2　案例企业基本情况

企业名称	搜　狗	华　为	美　的
成立时间	2003	1987	1968
所属行业	综合性搜索	信息与通信技术	家电制造
企业性质	民营企业	民营企业	民营企业
主营业务	搜狗输入法、搜狗搜索、糖猫等	ICT（信息与通信）基础设施和智能终端提供商	家用电器、暖通空调、机器人及工业自动化系统业务等
企业发展概况	自 2003 年以来，搜狗先后推出搜狗搜索、搜狗输入法及搜狗浏览器等战略级产品，并开创了"输入法＋浏览器＋搜索"三级火箭的盈利模式；2016 年至今搜狗将兼具自然交互和知识计算的战略作为长期发展核心，同时，加大力度对人工智能技术进行研发，紧跟时代前沿	华为，作为信息与通信基础设施和智能终端提供商，具备全球领先技术。为获得领域优势和技术进步，华为一直秉持创新精神和探索意识，在基础研发、技术、产品、工程能力等方面持续钻研，日益精湛，为客户和市场提供优质、便利和智能的服务	美的秉承"要么第一，要么唯一"的理念，持续加强研发投入，布局全球优势研发资源，涵盖众多研究方向和领域，形成独特的研发模式和创新流程。在创意挖掘方面，设立点子库，尽可能地挖掘满足需求和引导需求的高质量想法

资料来源：作者整理所得。

（三）数据收集

Yin（2003）在其研究中指出，案例研究可从文献、访谈、档案记录等途径挖掘数据。其中，一手数据资料主要通过访谈获取，二手数据资料包括公开的文件、档案记录、叙述性文章（例如商业案例和企业传记）等。Chesterton（2008）强调公司内部材料、会议记录、年检等都是重要的案例素材。本研究在收集数据的过程中遵循 Yin（2003）给出的原则：（1）多渠道和方式收集数据素材；（2）建立案例素材库，以提高研究信度；（3）用案例素材和数据，找寻证据链。具体而言，本研究基于三角验证的原理，对大量繁杂的数据材料进行分类整理，并初步归类和分析，以求提高结果的可信度和准确性（罗伯特，2010）。其中，有关企业动态、企业文化和经营情况等基本信息材料，主要通过公司官网、企业年报、网络平台等渠道进行收集和获取；有关创意项目如何被评价和采纳等具体的行为和事件的情况，主要通过微信、微博、新闻媒体的报道、企业传记以及学术期刊材料等渠道获取。由于时间与资源等因素的限制，部分材料难以获得一手资料，因此，本章案例验证的文本材料中，搜狗浏览器研发项目、华为加密通话语音技术项目以及华为自动测试更新软件项目来自二手资料，美的微电解空气消毒器项目则采用半结构性访谈、现场观察和二手数据相结合的方法。

（四）数据编码及信效度检验

本研究的研究目的在于对创意新颖性与创意采纳的关系及其作用机制进行检验，因此，需要通过深入的案例研究挖掘和展现关键因素之间可能的关系和影响路径。为保证数据编码分析的质量，本研究采取以下途径对案例分析过程进行严格把控，以确保研究结论的可靠性和有效性。

1. 数据编码

本研究通过三种方式的编码对原始数据进行抽象化和影响路径探索。首先，对案例数据进行开放式编码，对所有收集的文本进行逐句分析和信息挖掘，尽量采用受访者或资料的原字原句贴标签，对于显现次数少于3的初级代码内容，给予剔除处理，最终形成 31 个零阶范畴。其次，在获取零阶范畴的基础上，对数据进行主轴编码以得到更为抽象的概念，更利于浮现案例与理论之间的联系。具体而言，本研究在 31 个零阶范畴的基础上形成 14 个更高阶的一阶范畴和 4 个二阶范畴。其中，一阶范畴更类似于变量的维度，二阶范畴更类似于潜变量本身。最后，进行选择性编码，即在整合所有编码范畴的基础上，将主轴编码形成的范畴之间的联系具体化和逻辑化，形成能初步解释研究问题的"故事线"，以"故事线"整理剖析研究问题的理论模型或框架。

2. 前测信度检验

首先，本研究作者邀请华南理工大学技术经济与管理专业领域的三名博士研究生，对案例收集的材料，以句子为分析单元，进行逐句分析和内容编码。其次，由于编码人员有三人，有可能出现个人主观认识造成的偏差，因此需要进行信度评估（Kolbe and Burnett, 1991）以检验编码结果的稳定性。具体做法是：基于随机抽样的原则，抽取 10% 的数据文本，由三位博士研究生独立编码，以 Holsti 的相互同意度和信度公式为依据，即 $R = \dfrac{n \times \overline{K}}{1 + (n-1) \times \overline{K}}$，$\overline{K} = \dfrac{2 \sum_{i=1}^{n} \sum_{j=1}^{n} K_{ij}}{n \times (n-1)}$，$K_{ij} = \dfrac{2M}{N_i + N_j}$ 进行计算。其中，R 为分析者信度，n 为编码人员的数量，$\overline{K}$ 为编码人员平均相互同意度，K_{ij} 为相互同意度，M 为意见一致的条目数，N_i 和 N_j 为编码人员作出分析的总条目数。结果显示，K=0.855，R=0.946，均比 0.8 高，即一致性水平较高，符合正式编码的前期准备要求。

3. 有效性检验

对于数据编码的效度检验，最为常用的方法是内容效度检验，即考察变量从构念到结构维度的经验推演是否符合逻辑以及是否有效的过程（窦军生和贾生华，2008）。在本研究中，创意新颖性、创意采纳、管理者认知、创意倡导等变量在构念及其维度划分上都有深厚的理论和文献基础，在一定程度上保证了变量的内容效度。为了进一步检验内容效度，本研究采用内容效度化（CVR）指标来测算编码的有效性程度[①]。具体而言，为CVR=(Ne–N/2)/(N/2)。其中，Ne表示认为内容能很好反映测量内容的人数，N表示参与评价的总人数，通过计算每个变量的CVR值，再将所有的CVR值取平均值，最终得到的总体CVR达到0.938，大于0.8。因此，得出结论，数据文本具有较可靠的有效性。

三、基于扎根理论构建的案例分析

（一）搜狗浏览器研发项目

1. 公司简介

搜狗于2003年成立，是中国搜索行业的挑战者，AI领域的创新者。目前，搜狗月活跃用户数仅次于BAT，是中国用户规模第四大互联网公司。2004年8月，搜狗推出搜狗搜索，现已成为中国第二大搜索引擎。2006年6月，推出搜狗输入法，重新定义了中文输入，截至2019年9月，搜狗输入法日活用户数4.5亿，是国内第一大中文输入法，2017年在美国纽约证券交易所上市。在搜狗辉煌的发展历程中，有一个人的作用不可小觑，他就是王小川。2008年以前，公司的主营业务为搜狗输入法和搜狗搜索，2008年王小川团队成功研发搜狗浏览器，为公司开辟了新的市场和竞争领域，带来了新的增长点和竞争力。2010年，搜狐公司董事长张朝阳将搜狗输入法、搜狗搜索以及搜狗浏览器三大业务独立组建搜狗公司，并由王小川兼任搜狗公司CEO。

---

① 王永贵，项典典，马双，杜运周.管理研究方法:理论、前沿与操作[M].中国人民大学出版社，2023.4:149.

2003	时任搜狐技术高级经理王小川组建搜狐研发中学，开始研发搜索引擎
2004	8月 第三代互动式搜索引擎——搜狗搜索正式推出
2006	6月 搜狗输入法正式发布，基于搜狗搜索引擎技术，在中文词库领域有突破性发展
2007	3月 搜狗输入法增加换肤功能，此后，皮肤成为搜狗输入法的重要组成部分
2008	10月 搜狗输入法推出Android平台的手机输入法，逐步成为一款手机装机必备软件
	12月 具有多项创新的搜狗浏览器正式发布，有效防止网页假死，显著提升教育网访问公网速度
2010	3月 搜狗输入法发布5.0版，推出云输入功能，依托云计算特性，大幅提升用户输入准确率
	8月 搜狗从搜狐分拆并独立运营，搜狐CTO王小川先生兼任搜狗公司CEO

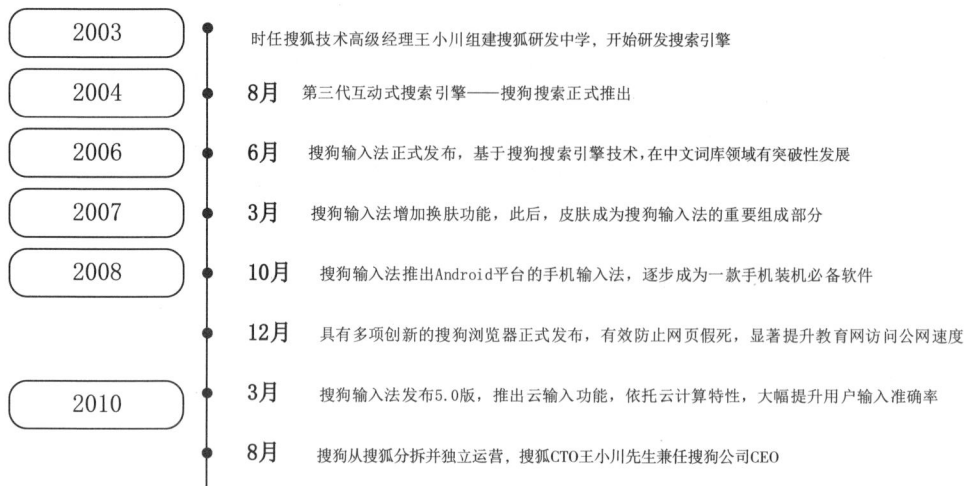

图3-1 搜狗发展历程

浏览器获得的竞争优势为搜狗搜索和输入法带来了大量的流量输入，使得各项业务得到大幅度的提升和发展，2016年，搜狗一跃成为中国排名第二的互联网公司。2017年底，搜狗上市成功，引起多家战略伙伴的共同关注。目前，搜狗已与多家行业龙头成立商业生态系统，并在人工智能领域有多项建树，在不久的将来有望获得更多技术突破。2022年初，搜狗公司发布了2022年第一季度财务报表，公告显示公司2022年第一季度营业收入为17亿元，同比增长8%。搜狗手机输入法用户数量继续稳居国内第三大手机应用，已达4.43亿。搜狗搜索业务收入达到15.8亿元，同比增长13%。

2.事件介绍

2006年6月5日，作为业界首次利用先进搜索引擎技术开发的输入法，搜狗输入法的第一个版本问世，被誉为"互联网输入法"。随着搜狗输入法的上市，搜狐公司垄断了全国的输入法业务，形成了自身独特的竞争优势和业务增长点，但在这个时候，王小川意识到了浏览器的重要作用，他认为在当下的互联网时代，流量对IT公司而言至关重要，而公司的流量很大程度上是由hao123网站提供的，并没有自己的浏览器。同时，搜狗搜索业务的失败也源于公司没有自己的浏览器，搜索流量受到很大的限制。因此，王小川提议开发浏览器项目，通过进行浏览器研发，曲线救国，帮助提升搜狗搜索的业务。当他把这一想法向其上级张朝阳汇报时，却遭到了拒绝。王小川为了坚持这个想法，与其上级张朝阳在浏览器研发上产生了巨大的冲突，甚至被张朝阳解职，但他始终不改初衷，默默为公司开发浏览器。他私下组织团队进行浏览器的研发，不仅在公司内部向各部门挖人，还通过各种渠道在组织外招揽各种人才（懒财网的李子拓就是此时加入的）。经过不懈的努力，浏览器终于研发成功，其具备双核技术和多种改良功能，如针对性营销和选择性观看新闻、视频等。同时，浏览器项目的顺利发展，带动了搜狐搜索流量的上升，实现了当初的预想，形成了搜狐公司的独特竞争力。在浏览器业务的带动下，搜狗输入法在当年就占领了市场接近90%的份额，浏览器本身业务发展也十分迅猛，占领近30%的市场份额。在谷歌浏览器退出中国市场这一机遇下，搜狗浏览器的前景十分光明，360总裁周鸿祎曾多次向张朝阳表示其收购意向，随后马云和马化腾也相继入股。

3. 资料举例及编码

创意新颖性：对于公司而言，浏览器研发与公司的主营业务搜狗输入法和搜狗搜索有很大的不同，虽然公司曾经也尝试过开发搜狐浏览器，但最终以失败告终。从市场上看，浏览器研发项目当时还是只有少数公司掌握，市场开发潜力大，新颖性程度高，有较高的风险和难度。利用浏览器，最终实现浏览器＋输入法＋搜索的"三级火箭"盈利模式是王小川的首创提议，虽然一开始遭到了上级张朝阳的坚决反对，但经过他与团队的不懈努力，最终成功运行并一举为搜狗赢得了接近30%的市场份额。

创意倡导：王小川在说服上级张朝阳接受浏览器研发项目的倡导过程分为两个阶段，第一个阶段是第一次向上级提出创意项目时，他主要采取正式汇报和利用本部门人员和资源的方式提供相关的项目报告和数据资源。第二阶段是当张朝阳拒绝该创意项目，而王小川仍然私下坚持开发浏览器业务时，他采取了更为多样和隐秘的方式，如：（1）争取内部支持：凭借自己的关系，经常给各个部门搜罗人才，拥有不同专业知识和技能的人才能为项目的发展提供不同的知识和资源，从而为形成新知识和解决问题提供新的思路。如"王小川开始在公司里面满楼乱窜，找找这个人，又找找那个人，搜狗浏览器就是被王小川这样攒出来了"。（2）争取外部支持：凭借自己的关系，从组织外部搜寻相关的技术人员。如王小川从清华大学引进懒财网 CTO 李子拓。（3）提供数据和支撑：总结和挖掘以往浏览器的缺陷和问题，开发全新的功能和概念，如不卡不死、教育网加速等特色功能。（4）转移视线，积淀数据和支撑：王小川在解职期间选择去清华大学经管院就读 EMBA 课程，表面上是做 P2P 视频业务，实际上是利用这个机会私下组织团队进行浏览器研发。（5）市场前景和机遇：谷歌浏览器退出中国市场，转用香港服务器提供简体服务。

管理者认知：张朝阳对浏览器研发持反对态度，主要源于以下几方面的考量：（1）可行性考虑：微软 IE 浏览器是做得相当成功的，但他们开发的 Bing 搜索却失败了，微软拥有比我们更雄厚的技术基础和开发经验，他们都没有成功，我们如何保证能成功？（2）以往失败的经验，机会成本：张朝阳曾经开发过名叫搜狐的浏览器，花费了大量的人力、物力和时间，最终还是失败了，因此不想再重蹈覆辙。（3）关注的价值实现渠道不同：关于如何提高搜索业务份额的最佳途径，张朝阳和王小川有不同意见，张朝阳认为应该专注于搜索业务本身的技术和市场开发能力，而王小川则认为浏览器的开发会对搜索业务有极大帮助，同是为了公司利益，但实现渠道和方式不同。

创意采纳：随着谷歌退出中国，国内格局发生变化，百度的份额更加不可一世。也是在这一年，搜狗独立运营，王小川出任 CEO。

表 3-3　开放编码形成零阶范畴结果示例（谷歌浏览器）

文本内容示例	初级代码	代　码	概　念	零阶范畴
浏览器研发项目当时只有少数公司掌握，市场开发潜力大，新颖性程度高，但与本公司的技术差距较大，有较高风险和难度	浏览器研发技术与本企业现有技术差距较大	与其他项目相比技术差距大、风险高	技术差异程度	技术距离

文本内容示例	初级代码	代　码	概　念	零阶范畴
利用浏览器，最终实现浏览器＋输入法＋搜索的"三级火箭"盈利模式是王小川的首创提议	"三级火箭"盈利模式是王小川的首创提议	新的盈利模式	新的问题解决方式	问题解决
2008年，搜狗浏览器上线。不到两年时间，就占据了10%的市场份额	与其他项目相比，浏览器的成功能拓展市场份额	强大的市场潜力	新市场潜力	新市场潜力
王小川告诉记者，从最初输入法的到达用户不理想，到后来爆发性增长，共花了半年时间。通过这段时间，搜狗认识到在好产品的基础上，到达用户的渠道的重要性。"我们发现浏览器是一个很好的入口，让搜索引擎的服务很好地到达用户。"	浏览器是到达用户的重要渠道，能促进输入法业务的发展	有效帮助现有业务发展	提升现有业务的潜力	进一步发展的基石
洪波表示，浏览器应该是需要的时候就能打开访问用户想查找的内容，这些微软做不到，而国内的公司可以	搜狗浏览器拥有微软所没有的功能（与外部项目相比的优势）	拥有竞争对手无法满足的功能	能满足竞争对手无法满足的需求	竞争对手无法匹敌的优势
我认为这样一下就进入真正的主战场了，不是靠搜索去打仗，是靠浏览器、输入法打仗，形成模式	靠浏览器和输入法共同制造优势	新业务与旧业务的完美配合	新旧业务相互推进	获得持久的利润

文本内容示例	初级代码	代　码	概　念	零阶范畴
王小川反复推敲周鸿祎的方案，最终发现了一个潜在的风险：搜狗的输入法和搜索，都基于浏览器，一旦失去浏览器，搜狗便无法独立，最终给360做嫁衣	浏览器是解决搜狗目前搜索业务困境的路径	新业务对已有业务的辅助	新业务帮助组织解决问题	解决组织问题
2012年，搜狗第二季度3000万美元营收中，来自网址导航业务的收入为700万美元(约占23%)	网址导航业务收入约占营收23%	浏览器对营业收入助力很大	营业收入有较大提升	较高的收益回报
行业内部一直希望有另一家搜索引擎出现，去打破垄断者的位置，重新搅动中国搜索市场格局	行业内需要新的搜索引擎公司	行业内有较大需求	拥有较高社会需求	社会接受度
王小川说要做浏览器，张朝阳充满了质疑："微软的IE市场份额那么大，都没有把Bing做起来，凭什么浏览器做成搜狗搜索就能做成？"	微软拥有更大的技术和资金优势都未能成功	浏览器开发的风险很大	较大的开发风险	潜在风险
搜狗有二十多年在互联网上的数据与技术积累，在机器翻译领域取得智能技术的突破	搜狗拥有开发浏览器相关的数据与技术潜力	拥有开发浏览器的技术潜力	提供所需技术和数据辅助	能提供所需资源

文本内容示例	初级代码	代　码	概　念	零阶范畴
搜狗的各个基础产品都具备了优秀的成长环境，这也是搜狗的产品能快速发展的关键所在	搜狗公司的环境有利于产品的快速发展	成员对新技术接纳度高	对新技术接纳度高	成员接受程度
随着谷歌退出中国，国内格局发生变化，百度的份额更加不可一世。也是在这一年，搜狗从搜狐中分拆出来独立运营，王小川出任CEO	市场时机成熟，搜狗独立运营	新业务正式分拆独立运营	新项目独立运营	同意实施
"如果正面进攻不能奏效，为什么不侧面进攻，或者干脆在旁边挖个地道？"正是如此，王小川向张朝阳建议，开发搜狗自己的浏览器。	用挖地道比喻开发浏览器项目的优势和作用	挖地道比喻迂回战略	用比喻的方式说明重要性	形象比喻
王小川开始在公司里面满楼乱窜，找找这个人，又找找那个人，搜狗浏览器就是被王小川这样慢慢攒出来了	王小川常与公司内部人员交流和合作	与内部人员交流和合作	与员工交流合作	交流与合作
我们思考的核心是：浏览器的价值在于服务而不在于工具	让参与者对浏览器的价值有统一的理解	建立对项目价值的统一理解	建立统一的价值观	价值思索

表3-4　主轴编码形成二阶和一阶范畴结果（谷歌浏览器）

二阶范畴	一阶范畴	零阶范畴
创意新颖性	突破性	技术距离
		问题解决
管理者认知	外部竞争性	新市场潜力
		进一步发展的基石
		竞争对手无法匹敌的优势
		获得持久的利润
	内部竞争性	解决组织问题
		较高的收益回报
	外部可行性	社会接受度
		潜在风险
	内部可行性	能提供所需资源
		成员接受度
创意采纳	允许进一步开发	同意实施
创意倡导	合理说服	形象比喻
	咨询合作	交流和合作

4. 案例梳理及关系总结

在案例相关数据描述和编码结果分析的基础上，本研究针对搜狗浏览器研发项目的现实情况进行了初步的价值评判，并请熟悉相关材料和企业中有相关管理经验的专家做出审核和修正，采用很好、较好、一般、较差和很差五个等级，依次从高到低表征案例中与创意采纳相关的各项指标的水平（如表3-5）。

表3-5　搜狗浏览器研发项目的编码分析

要　素	新颖性	对外竞争性	对内竞争性	对外可行性	对内可行性	创意采纳
倡导前						
程　度	很好	较好	较差	较差	一般	很差
表　现	技术前沿盈利模式首创	市场潜力大获得持久利润	解决问题	潜在市场	成员接受度	拒绝提议调岗

续　表

倡导后:（倡导行为：形象比喻和数据附征、交流合作、价值提倡、搜罗人才等）						
程度	很好	很好	较差	一般	较好	较好
表　现	技术前沿 市场潜力大 盈利模式 首创	市场潜力大 获得持久 利润 难以模仿 匹敌	解决问题 较高收益	潜在市场 社会接受 度	成员接受度 内部资源 支持	认可提议 独立运营

（二）华为加密通话语音技术项目

1. 公司简介

华为创立于 1987 年，是全球领先的 ICT（信息与通信）基础设施和智能终端提供商。公司期望借助智能和数字技术，为用户和社会大众提供更便利、敏捷和智能的生活。截至 2022 年初，华为目前员工数约为 19.4 万人，业务广遍全球 170 多个地区，服务多种需求和不同习惯的顾客群体。在研发方面，华为聚焦全联接网络、智能计算、创新终端三大领域，在产品、技术、基础研究、工程能力等方面持续投入，是能实现客户数字化转型、构建智能社会的基石。在管理方面，华为业务运营主要围绕前端的一线团队展开，通过授权前置，充分授予一线团队调动后方平台资源的权力，并佐以系统、全面的配套支撑体系，以期能最大程度地激发创新潜能和发现创新机遇。

2. 事件介绍

2010 年底，智能终端刚开始上市，国内移动端的相关技术仍处于学习和摸索阶段，大多是被动地跟随国际主流。在品牌方面，当时的手机市场由诺基亚主导，华为所占的市场份额还很小（如图 3-2）。

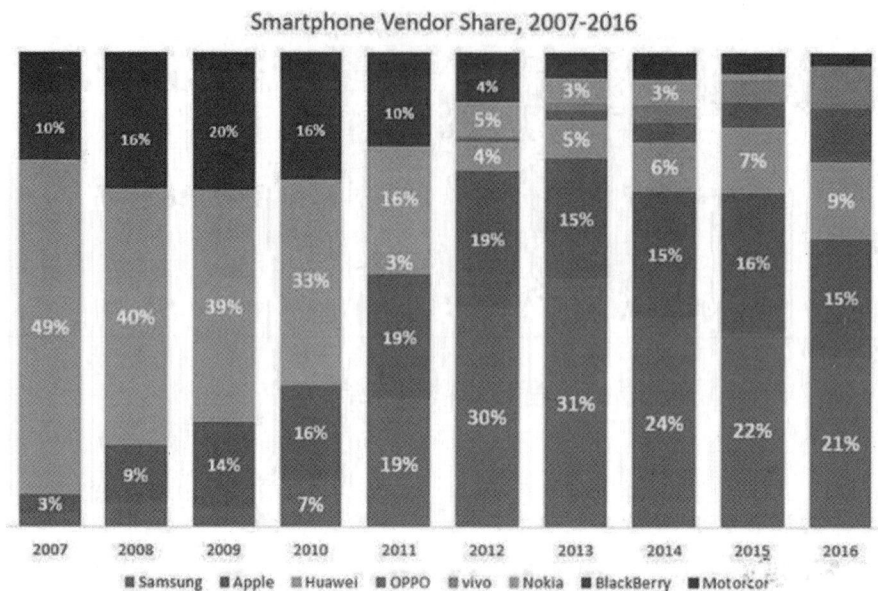

Smartphone Vendor Share, 2007-2016

图3-2　2010年智能终端的市场占比

（**小案例1**）张英石是一名华为入职三年的员工，某一天，他接到海外办事处一个寻求技术解决方案的电话，主要内容是关于某国由于发生电话泄密，导致了一系列恶性事件，故该国高层正迫切寻找有关电话加密的技术解决方案。张英石的早期经历和技术积累与手机软件关联度不高，但他敏锐地感觉到了加密通话这个移动端需求的重要性和紧迫性。当他把这个想法跟他的上级，即当时 PDT 经理汇报时，经理思考了一段时间，认可了张英石的想法，并为他召集了一批专业技术人才一同开发这一项目。在这一过程中，华为大后端的平台为他们提供了很多的研发资料和手机开发环境搭建支持，40天后，张英石团队实现了两个手机在 WIFI 网络下的第一次加密通话实验。3个月后，第一个测试版本问世，但两天后的结果反馈却不尽如人意，测试结果显示，在各种网络切换和特殊条件下，加密通话语音质量很差，几乎不可用。面对这样的结果和挫折，张英石团队并没有气馁，他们潜下心更加积极地投入到问题定位和修改之中，4个月后，该产品完成了第二个测试版本，经过测试部和一线部门的联合测试，无论在正常状态还是在恶劣条件下，新产品都能达到预期效果。随后，该产品正式上线，海外办事处委托的技术解决方案得到了该国高层人员的赞赏，而加密通话技术亦成了炙手可热的方向。

（小案例2）梅静是华为2007年底入职的一位从事固定网络软件测试的职工。当时，华为刚开始发展敏捷网络，版本更新节奏快，要求高，测试工作人员每天的第一件事情就是花费半个多小时给设备添加最新版本，然后进行客户需求验证。梅静留意到了这个问题，认为这一过程太耗费时间且没有太大的操作价值，为此，她希望能开发一个自动测试更新的软件，将重复性的工作交给电脑自动完成，这样能为部门工作提供很大的改进空间，能节省更多的时间满足客户其他需求。在仔细分析了各种设备和资料后，她马上着手开发一款新的小工具。由于当时华为的版本测试工作量很大，工作节奏紧张，在完成了每天的固定工作任务后，她只能在晚上10点后加班开发工具，但她所在团队的同事都很支持她，为她提供了很多的帮助，有的与她一同解决技术难点，有的提供所需的资源支持，有的帮助进行调试等。终于，小工具在一周后完成并通过了测试。当天晚上，她紧张又谨慎地把工具部署到每台设备上，回家后整晚都睡不着，兴奋地等待着第二天的实战结果。第二天一大早她就来到公司，将每一台设备的数据都进行了检查，发现所有设备都能精确自动加载，部门的所有员工都起码节省了半个小时的常规工作量。网络研发测试部部长当面赞扬说："这是典型的小改进，大收益，值得每个测试人员学习！"

3. 资料举例及编码

创意新颖性： 无论是加密通话语音技术，还是软件测试工具，这两个创意项目的技术方向与组织现有的战略方向是一致的，但两者也有区别。加密通话语音技术在华为公司内部是新的，但在市场上并不独特，这一技术虽不是独创，但也少有公司掌握，因此，能为华为满足客户移动端需求方面提供很好的竞争优势，而软件测试工具，其技术含量没有加密通话技术高，在市场上也不是独创的技术，但这一技术改进能为公司的日常工作提供非常大的帮助，节省了大量的时间和人力，对部门而言，也是很大的创新改进，对提高工作绩效和效率有很大帮助。新颖性程度：加密通话语音技术＞软件测试工具。

创意倡导： 在创意的倡导方面，由于加密通话语音技术和软件测试工具皆是有利于组织当前战略目标和主营业务的发展和进步，因此在创意想法提出之时，比较容易被上级和同事所接受、支持和认可。在加密通话语音技术方面，张英石在向上级汇报这一想法时，首先是运用案例和数据的方式，向管理者介绍在没有加密通话这一技术的时候，发生电话泄密的可能性和由此造成的损失和灾难。他特意将海外办事处接到的某国发生电话泄密导致的一系列严重结果的报告详细展现给管理者看，并由此引申，若华为没有这项技术，可能会导致用户产生什么损失，最终企业可能会由于这一技术缺失损失多少用户（合理说服）。其次，他将加密通话技术与华为的公司愿景进行联系，众所周知，华为的愿景是"共建更美好的全联接世界"，而加密技术能为联接提供保障，相当于是为这一联接全世界的桥梁加盖防护罩，保护其免受邪恶的侵蚀和破坏，为美好增添多一层保障（鼓舞感召）。最后，在展示这一创意之前，张英石向多个有相关经验的技术同事征询意见和建议，对不同的情况进行了假设和思考，拟出可行性报告（咨询合作、合理说服）。加密通话语音技术的每次汇报基本都是在正式的组织会议上进行的，因为这个项目与组织当前的任务目标与战略方向是一致的，只有在与同事和相关技术人员进行技术交流和思考解决方案的时候会采取私下交流或电话沟通等非正式渠道。

软件测试工具方面，梅静与张英石不同，她并不是在创意想法得到上级认可后再进行技术研发和测试的，她是先自行开发软件，等软件完成初步设计后，再向上级倡导和提议。因此，梅静在开发这一软件的过程中，更多是采用非正式的渠道开发和倡导这一工具。首先，梅静在发现常规工作中测试软件的一个耗时问题后，她通过连日的观察和测算，将测试工作人员每天更新版本工作所花的时间和操作雷同度情况进行了统计，并将这一数据形象地展现出来（搜索论据）。其次，梅静向同事询问他们在操作这些测试软件时的感觉，同样是获得了很多关于软件测试工作重复度高，操作价值低的反馈意见，亦征得多名同事对开发测试软件工具的认可和支持（咨询合作）。最后，梅静利用自己业余的时间进行软件开发工作，通过多次调试后，软件工具完成并通过了测试，得到了同事和管理者的认可和赞赏。

管理者认知：华为在管理创新和不确定性方面有几条不成文但已深入管理者理念和价值观的基本评价标准：（1）战略聚焦：华为公司一直强调战略竞争力量不应消耗在非战略机会点上，如华为对待人工智能的基本原则是"不急于做公共的人工智能产品，而是先聚焦在自己内部的巨大网络的应用和深度服务上"。因此，在评价一项创意项目时，管理者很可能会对非战略机会点上的创意持消极态度。（2）关注顾客价值：华为公司在整个创新策略和方针上"坚持为客户价值而创新，而不是为了创新而创新"。因此，一项创意能否为客户带来价值是其与其他项目竞争的有利要素。（3）明确技术边界："华为的技术创新是有边界的"，例如任正非曾以隶属朗讯（Lucent）公司的贝尔实验室研制的高倍电子显微镜的案例来提醒主持研发资源分配的高管们，朗讯作为以通信设备制造为核心的公司，成立电子显微镜事业部虽有创新价值，但偏离了公司战略方向，分散了公司战略资源，实质上是误导公司的一项举措。因此，偏离公司战略方向，不在公司技术边界内的创意项目并不受管理者待见。

表3-6 开放编码形成零阶范畴结果示例（华为）

文本内容示例	初级代码	代 码	概 念	零阶范畴
张英石的早期经历和技术积累与手机软件关联度不高，但他敏锐地感觉到了加密通话这个移动端需求的重要性和紧迫性	张英石并不具备加密通话的技术积累	项目负责人不具备相关技术积累	项目技术与本职工作有差距	技术距离
高层正迫切寻找有关电话加密的技术解决方案	电话加密技术是公司目前急需解决的难题	公司有紧迫的新技术解决需求	急需新技术解决方案	问题解决的紧迫性
该产品正式上线，海外办事处委托的技术解决方案得到了该国高层人员的赞赏，而加密通话技术亦成了炙手可热的方向	加密通话技术具有较大的市场热度和需求	新兴技术需求和市场潜力大	新兴市场潜力大	新市场潜力

文本内容示例	初级代码	代 码	概 念	零阶范畴
不赚钱的产品就关闭、压缩。我不会投资非战略性的产品，除了你们滚动投入，又能有高利润	管理者看重项目是否具有高利润	高利润价值是重要考量依据	高利润价值	持久利润
不要在局部竞争点上消耗战略力量，要聚焦一切战略力量攻破进入大市场的条件	管理者更看重能实现组织战略目标的项目	是否有助于实现组织战略目标	对战略目标实现有助益	有利于进一步发展
华为的产品创新之道是建立在客户需求的基础上……基于端到端这样一个研发流程，使得整个研发建立在理性决策的基础上，建立在市场需求的前提下	管理者关注项目的市场和顾客需求	市场和顾客需求的程度	市场需求量	市场需求
我们大多数产品还是重视延续性创新，这条路坚决走；同时允许有一小部分新生力量去从事颠覆性创新，探索性地"胡说八道"，想怎么颠覆都可以，但是要有边界	在组织边界范围内探索小部分颠覆性创新产品	探索颠覆性的产品	探索颠覆性的产品	颠覆性创新
眼前最重要的不是成本高低问题，而是能否抓住战略机会的问题	把握战略机遇比降低成本更具价值	关注和强调战略机会的识别和利用	战略机会的识别和利用	机会识别
领先竞争对手颁布是最具竞争性的选择，而领先三四步则可能会在相当长的一段时间内被市场拒之门外	过于新颖的产品往往市场接受度低	关注市场接受度	关注市场接受度	市场接受度
客户是华为所有工作的目标。任正非一直认为客户是华为的衣食父母，是华为存在的唯一理由	客户是华为所有工作的目标	关注客户需求	关注客户需求	客户需求

文本内容示例	初级代码	代　码	概　念	零阶范畴
华为从最初的技术驱动转变为市场驱动，公司高层在各种场合不断地强调半步领先的技术研发原则	华为强调市场驱动的技术研发原则	市场驱动型技术研发原则	市场驱动	竞争方式
我们对非主航道上的产品及经营单元，要苛以"重税"，抑制它的成长，避免它分散了我们的人力	管理者强调产品必须在主航道上	公司战略目标范围内的产品	强调产品的技术边界	技术边界
华为一贯注重产品质量，有成熟的技术和人才支撑	华为有强有力的技术和人才支撑	技术和人才支撑提高产品成功率	产品实现有技术和人才支撑	容易实现
网络研发测试部部长当面赞扬说："这是典型的小改进，大收益，值得每个测试人员学习！"	测试部部长认可软件测试工具的价值	管理者认可项目的价值	管理者认可项目的价值	认可创意价值
经理认可了她的想法，为他召集了一批专业技术人才一同开发这一项目	经理为开发项目提供专业技术和人才	为项目提供技术和人才	为项目提供支持	愿意为项目提供支持
第二天一大早她就来到公司，将每一台设备的数据都进行了检查，发现所有设备都能精确自动加载，部门的所有员工都起码节省了半个小时的常规工作量	负责人收集了数据以说服管理者	用预测试数据说服管理者	用预测试数据说服管理者	提供数据支持
可以以Felloy助手的名义，在全世界到处与人喝咖啡交流，目标是广泛的收集信息，倾听各方的声音。在交流结束后，总能捕捉到一两个有价值的信息线索	通过喝咖啡来交流想法	有特定跨国交流想法的方式	跨国交流想法	跨国交流

续　表

文本内容示例	初级代码	代　码	概　念	零阶范畴
在思想上要放得更开，你可以到外面去喝咖啡，与管理者进行思想碰撞，把你的疑惑或感慨说出来	通过与管理者喝咖啡交流想法、解决疑惑	有特定的方式解惑和交流	内部交流想法	内部交流

表 3-7　主轴编码形成二阶和一阶范畴结果（华为）

二阶范畴	一阶范畴	零阶范畴
创意新颖性	突破性	技术距离
		问题解决的紧迫性
管理者认知	外部竞争性	新市场潜力
		持久利润
		有利于进一步发展
		市场需求
	内部竞争性	颠覆性创新
		机会识别
	外部可行性	市场接受度
		客户需求
		竞争方式
	内部可行性	技术边界
		容易实现
创意采纳	价值认可	认可创意的价值
	提供支持	愿意为项目提供支持
创意倡导	合理说服	预测试提供数据支持
	咨询合作	跨国交流

4. 案例梳理及关系总结

在根据案例相关数据描述和编码结果分析的基础上，本研究针对华为的两项研发项目的现实情况进行了初步的价值评判，并请熟悉相关材料和企业中有相关管理经验的专家做出审核和修正，采用很好、较好、一般、较差和很差五个等级，依次从高到低表征案例中与创意采纳相关的各项指标的水平（如表3-8）。

表3-8 华为研发项目的编码分析

要素	新颖性	对外竞争性	对内竞争性	对外可行性	对内可行性	创意采纳
加密通话语音技术项目						
程度	一般	较好	较好	较好	很好	很好
表现	解决问题新方式组织的新尝试	市场需求多应用场景多	解决问题有利于移动通信后续发展	潜在市场大	资源基础专业人才	同意开发提供人才提供支持
软件测试工具项目						
程度	较差	较差	较好	一般	较好	较好
表现	非原创小改进	竞争力不足	解决问题较高效率	未提及	成员接受度内部资源支持	同意实施得到赞许

（三）美的微电解空气消毒器项目

1. 公司简介

美的成立于1968年，是一家集智能家居事业群、机电事业群、暖通与楼宇事业部、机器人及自动化事业部、数字化创新业务五个板块为一体的全球化科技集团，产品及服务惠及全球200多个国家和地区约4亿用户。在创新方面，美的持续关注并加强基础研究，强化研发资源的全球搜寻策略，构建多个研发中心，在多个关键技术领域获得突破性进展。近年来，美的通过跨界融合、人工智能、数字仿真上的技术突破，不断创新升级产品，积极推动行业发展。

2. 事件介绍

美的创新孵化的重点是支持内部员工创新创业。陈保平，2010年入职广东美的制冷设备有限公司，是公司的一名项目经理。入职以来，他凭借自身对电器、动力工程等方面扎实的专业知识和技术积累，主持引进了多项国内外先进技术。虽然他个人没有接受过有关生物、化学、临床等方面的专业教育，但他所带领的 SPW 团队在电化学消毒和灭菌方面有很大的潜力，团队成员亦立志跨专业研发微电解空气消毒器，为安全、环保无残留灭菌贡献自身的力量。用陈保平自己的话来说就是"希望实现一种人机共存、没有危害的环保消毒技术"，"我们原来一些消毒产品，很多人只关注消毒效果，但对人体有没有危害，对生存环境有没有威胁却很少有人关注。很多消毒产品和技术本身也是有害的，为此，推出一个真正的安全环保的消毒技术是我们的初衷"。为了这一愿望，他和她的团队足足研制了三年，三年磨一剑的环保消毒技术是他们对这一成果的评价。微电解环保消毒技术属于生物性污染物治理范畴，有技术理念但一直是概念上的，如何从环保的角度解决人机共存问题属于国际技术前沿问题。对于这一技术，陈保平在访谈中指出"日本大概在年底才会有类似的东西出来，我们七月份就已经将产品在国内正式发售了，这也是国内第一款微电子生物空气消毒器。产品将依照美的标准生产，也是美的的品牌，预期目标获利在 3% ~ 5%"。2015 年，SPW 微电解灭菌项目获得美的集团 500 万天使投资，同年八月，陈保平担任美的集团中央研究院 SPW 灭菌创始人、高级产品经理，主要负责电化学灭菌相关技术的专利布局和快速产业化，同时为美的集团及其他产品线提供完全自主知识产权的灭菌技术。

3. 资料举例及编码

创意新颖性：陈保平及其团队所研发的美的微电解空气消毒器，采用三大核心技术，即"微电解技术""超声雾化技术"以及"ROS 溶菌水离子灭菌技术"主动消灭空气中的细菌，同时更具备安全环保，无耗材，灭菌效率高达 99.9% 等优势。该产品和技术在国内外皆处于前沿领先地位，是国内第一款微电子生物空气消毒器，拥有多项自主知识产权。"从中国古代传统的焚香和艾叶蒸熏对房间进行消毒的做法中得到启示，通过对微电解灭菌技术进行系统的理论研究及缜密的实验验证，最终研发出一款全球首台微电解家用空气消毒器，解决了传统消毒灭菌方案无法避免的安全、环保等问题，给孩子创造了更加健康无菌的舒适家庭环境。"

管理者认知：陈保平的微电解空气消毒器项目属于美的内部员工创新创业项目，"在公司内部孵化申报上，他们的项目从一百多个项目中脱颖而出，获得美的集团500万元投资，其团队占比20%。如果产品上市孵化成功了，就会以单独实体运作，团队与公司是共同合作关系"。路演审评会是美的内部创新的重要形式，评审委员们主要从五个方面对项目进行综合评估：（1）项目的盈利预期；（2）项目的新颖性；（3）项目的技术可实现性；（4）项目的知识产权情况；（5）团队人员背景等。同时，评审委员会会邀请拥有不同技术背景和从业背景的评委，希望能从不同角度对项目进行评估，尽可能地挖掘创意项目的价值，提高评估的科学性。

创意倡导：由于美的员工在创意项目展示和推广方面有专门的渠道——路演选拔入孵项目，因此，陈保平及其团队更多选择的是将产品及其技术在路演评审会上赢得委员们的认可和支持。在路演的过程中，陈保平及其团队做了很多准备工作：（1）完全自主产权证明：微电解灭菌技术是这项创意项目的核心亮点，完全自主知识产权的微电解灭菌通过微电解加贵金属活性催化，产生具有强氧化性的HClO和少量更高价的氯酸盐，水体灭菌的同时，自身不会滋生细菌，具有安全、环保、高效的优点。与此同时，微电解空气灭菌模组中的ROS溶菌水离子灭菌技术，消毒后还原为中性水分子，无化学残留轻轻松松消毒，干干净净，能达到环保和实用双重效果。（2）可行性分析报告：通过对创意样品的材料结构、零部件、整机设计和技术等进行实验分析，证明该样品的技术可行性，同时还会考虑专利布局。（3）通用性分析：包括对结构、材料、零部件等技术推广程度的分析，比如某项技术是针对某一款产品还是可以服务于所有产品？现有产品的哪些型号可以用？不同产品在使用效果和方式是是否存在区别？（4）可靠性测试：在不同条件下，如高温、低温、高湿等情况下，样品是否能长时间运行，一般需要进行几个月的测试，有些还需要半年。（5）同行对比数据展现：将现有产品和品牌进行列举，分别将各种产品所用技术、杀菌效率、除菌时长、对人体的危害程度等信息进行对比分析，指出现有市场和产品的空白和缺陷。（6）同行检测有效：微电解空气消毒器得到了诸如广东微生物检测中心、广东医学实验动物中心、比较医学实验室多重验证，检验结果皆显示"该机器安全无残留，ROS 溶菌水离子值得信赖，灭菌效果真实有效"。

创意采纳：美的集团特别关注对创意想法的收集、筛选、储备和应用过程。在创意收集方面，主要有两种渠道，一是从企业外部进行收集，如一些创意大赛、用户创新等；二是从企业内部进行收集，如内部创业、提报制度等。对于收集起来的创意，美的会通过一系列复杂的筛选过程，将适用于当下和未来发展的有价值想法储存在点子库内，在企业发展需要的时候再对其进行进一步的开发和利用。对于选择哪一个创意想法进行推广和开发，美的一般会有两种考量，大概会选择用 80% 的资源开发与当前市场需要和技术可实现性高的创意想法，另外 20% 的资源开发可能用在未来 5～10 年内需要的技术，因此，对于进入点子库的创意想法，美的的包容性和开放性是很强的。具体的创意项目筛选和发展路径如图 3-3 所示。首先，美的筛选创意的前提是组织会制定技术战略和确定未来发展方向、产品方向，明确技术是有边界的，不会着眼于所有事情。其中，技术战略制定会考虑市场、竞品、政策、技术发展趋势、技术痛点、跨行业的技术、前沿技术的论文等。其次，在点子库阶段，主要考察创意想法的可行性、通用性和可靠性情况。一般来说，成功结项只能证明创意进入领导的视线（进入点子库），技术被认可，但能不能进行下一步发展要到储备阶段才能确定。同时，结项也表示研发一代结束。在美的集团内部，从创意想法产生到被采纳的比例大约是 1000∶1。通过路演的评审项目，美的集团会对其进行投资。由财务仔细核算项目经费以及开发合理性，如果审核通过且项目团队也同意，该创意项目便可进入美创平台孵化。

上述变量的具体编码内容和结果见表 3-9、表 3-10。

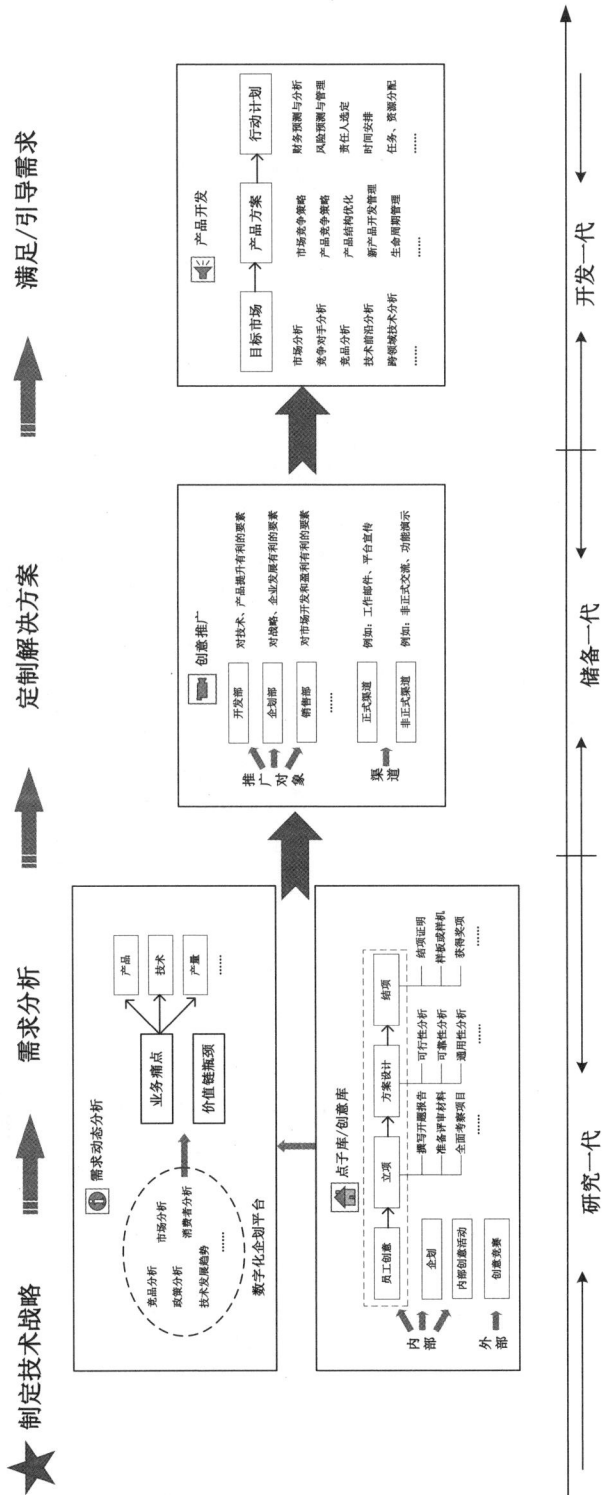

图3-3 美的集团创新项目筛选和发展路径

表 3-9 开放编码形成零阶范畴结果示例（美的）

文本内容示例	初级代码	代 码	概 念	零阶范畴
陈保平在访谈中指出："日本大概在年底才会有类似的东西出来，我们七月份就已经将产品在国内正式发售了，这也是国内第一款微电子生物空气消毒器。"	国内第一款微电子生物空气消毒器，国际相关产品仍未发售	享有国内乃至国际的空气消毒器技术	相关技术在国内乃至国际都享有盛名	技术领先
微电解环保消毒技术属于生物性污染物治理范畴，技术理念有但一直是概念上的，如何从环保的角度解决人机共存问题属于国际技术前沿问题	微电解环保消毒技术仍是有待解决的国际技术前沿问题	成功生产出能解决当前国际技术前沿问题的产品	相关产品技术解决国际技术前沿问题	解决前沿技术问题
很多消毒产品和技术本身也是有害的，为此，推出一个真正的安全环保的消毒技术是我们的初衷。	以往的产品并没有真正安全的环保消毒技术	市场缺乏真正安全的环保消毒技术	不同于已有市场的技术解决方案	新的技术解决方案
只有从消费者的需求出发，激发其潜在需求，提供更高品质生活的家电产品，带来更加便捷、舒适的产品使用体验，才能持续得到消费者的认可	环保消毒技术是满足消费者需求并获得其持续认可的独特性产品	环保消毒技术产品具有其独特性和竞争性	环保消毒技术有独特市场地位	独占性市场地位
持续的技术创新是中国家电企业唯一的出路，微电解环保消毒器则是其中突出的领先技术创新产品	微电解环保消毒器是我国领先技术创新产品	微电解环保消毒器拥有独特性竞争优势	独特性竞争优势技术	新的竞争优势
完全自主知识产权的微电解灭菌通过微电解加贵金属活性催化，产生具有强氧化性的 HClO 和少量更高价的氯酸盐，水体灭菌的同时，自身不会滋生细菌，具安全、环保、高效的优点	微电解消毒器具备完全自主知识产权，有安全、环保、高效的优点	微电解消毒器有完全自主知识产权	产品拥有完全自主知识产权	完全自主知识产权

文本内容示例	初级代码	代　码	概　念	零阶范畴
该产品和技术在国内外皆处于前沿领先地位，是国内第一款微电子生物空气消毒器	微电解消毒器国内只有美的能生产	拥有国内独家技术，收益潜力大	凭借独家技术和市场，收益回报大	收益回报潜力大
鉴于消毒器能给孩子创造更加健康无菌的舒适家庭环境，该项目从一百多个项目中脱颖而出，获得美的集团500万元投资	消毒器能给孩子创造健康无菌的环境，与美的集团的战略目标一致	环保消毒器的理念与美的集团的战略目标一致	产品与组织战略目标一致	符合组织战略目标
未来小家电产品升级转型的趋势将围绕产品时尚化、智能化、节能环保、专业性用途四个方向。小家电不再"傻大笨粗"，不再"称斤论两"	环保消毒器满足小家电产品升级转型的趋势	产品满足市场发展需求	节能环保满足市场发展需求	满足市场发展需求
企业创新研发的不只是一个满足基本功能需要的产品，更需要提供新的生活家电解决方案	产品须在满足功能需要的基础上提供新的生活家电解决方案	为家电的使用和发展提供新的解决方案	提供新的解决方案	新的解决方案
他所带领的SPW团队在电化学消毒和灭菌方面有很大的潜力，团队成员亦立志跨专业研发微电解空气消毒器，为安全、环保无残留灭菌贡献自身的力量	创意团队拥有电化学消毒和灭菌方面的潜力，成员皆立志跨专业研发该技术	创意团队拥有电化学消毒和灭菌方面的潜力	团队拥有相关技术潜力	技术团队支撑
路演审评会是美的选拔内部孵化项目的主要形式，员工更可以带着自己的想法或完整的商业企划书参加评审	路演评审会允许员工携带商业企划书参加评审	美的拥有提拔内部孵化项目的渠道	组织支持内部孵化项目	组织支持

续　表

文本内容示例	初级代码	代　码	概　念	零阶范畴
2015 年，SPW 微电解灭菌项目获得美的集团 500 万天使投资	SPW 微电解灭菌项目获得认可和投资	创意项目得到认可和投资	获得认可和投资	获得资金
2015 年 8 月，陈保平担任美的集团中央研究院 SPW 灭菌创始人、高级产品经理，主要负责电化学灭菌相关技术的专利布局和快速产业化	项目负责人成为 SPW 灭菌创始人、高级产品经理	项目及其负责人在公司获重要席位	获得认可和合法性席位	获得合法性席位
微电解空气消毒器得到了诸如广东微生物检测中心、广东医学实验动物中心、比较医学实验室多重验证，检验结果皆显示"该机器安全无残留，ROS 溶菌水离子值得信赖，灭菌效果真实有效"	同行检测证明该机器安全无残留，ROS 溶菌水离子值得信赖，灭菌效果真实有效	同行检测证明产品的有效性	同行检测有效性	同行检测
团队一直致力于产品创新研究，引进业内高端领军技术人才，与国内外领先的科研机构保持技术交流	与行内高端技术人才、科研机构保持技术交流	与行内高技术人才和机构保持交流	行内技术交流和合作	交流和合作
"推出一个真正的安全环保的消毒技术是我们的初衷。"为了这一愿望，他和他的团队足足研制了三年的时间，三年磨一剑的环保消毒技术是他们对这一成果的评价	团队有共同的目标，即推出一个真正的安全环保的消毒技术	生产安全环保消毒技术的团队共识	团队共同的愿望和共识	共同愿景

表 3-10　主轴编码形成二阶和一阶范畴结果（美的）

二阶范畴	一阶范畴	零阶范畴
创意新颖性	突破性	技术领先
		新的竞争优势
	原创性	解决前沿技术问题
	新方式解决问题	新的技术解决方案
		独占性市场地位
管理者认知	外部竞争性	完全知识产权
		收益回报潜力大
	内部竞争性	符合组织战略目标
	外部可行性	满足市场发展需求
		新的解决方案
	内部可行性	技术团队支撑
		组织支持
创意采纳	允许进一步开发	获得资金
	合法性席位	获得合法性席位
创意倡导	合理说服	同行检测
	咨询合作	交流和合作
	鼓舞感召	设立共同愿景

4.案例梳理及关系总结

在对案例相关数据进行描述和对编码结果进行分析的基础上，本研究针对美的微电解空气消毒器研发项目的现实情况进行了初步的价值评判，并请熟悉相关材料和企业中有相关管理经验的专家做出审核和修正，采用很好、较好、一般、较差和很差五个等级，依次从高到低表征案例中与创意采纳相关的各项指标的水平（见表 3-11）。

表 3-11　美的研发项目的编码分析

要素	新颖性	对外竞争性	对内竞争性	对外可行性	对内可行性	创意采纳
程度	较好	很好	较好	较好	一般	很好
表现	原创性方法技术前沿（领域内）全球领先组织首次尝试	市场需求多应用场景多难以模仿持久利润	解决问题较高收益回报	有潜在客户产品能被社会价值接受	资源基础对现有流程没有太多的影响	认可价值同意开发提供支持

（四）跨案例比较分析

在分案例的描述当中，本研究把四个案例当中创意采纳过程的影响因素进行了详细的列举和总结分析。为了更好地总结和归纳出创意过程当中影响创意采纳的关键因素和过程机理，挖掘创意新颖性与创意采纳之间的影响机制，本研究将在对分案例进行编码和分析的基础上，将四个案例的各组变量进行对比。首先，根据数据编码结果，将访谈者和企业实践当中的专家意见以很好、较好、一般、较差和很差五个等级的评级顺序形式来表示跨案例间各项指标的水平和影响情况。其次，为增强案例研究的专业性和学术性，本研究还邀请研究团队的成员和本领域专家就相同的文字、访谈和视频等材料进行独立打分，以求获得更为客观和学术性的命题和推论（见表 3-12）。

表 3-12　多案例对比的编码分析

要素维度	狗搜浏览器	华为语音加密	华为软件测试	美的消毒器
新颖性	●	◑	◕	◕
合理说服	●	◔	●	◕
咨询合作	◔	◕	◔	◑

要素维度	狗搜浏览器	华为语音加密	华为软件测试	美的消毒器
鼓舞感召	◐	◑	◑	◑

注：● 表示很好，◖ 表示较好，◐ 表示一般，◀ 表示较差，◯ 表示很差。

从初步的案例对比情况中不难看出：第一，新颖性越高，采纳的可能性也随之提高，但新颖性过高的创意项目，在倡导行为没有发挥作用前，其采纳可能性反而是很低的。因此，创意的新颖性水平与采纳可能性呈现出非线性的影响关系，但曲线的具体形态有待进一步确定。第二，创意项目新颖性程度高，并不意味着管理者感知的创意价值高，新颖性高有利于管理者对创意项目竞争性的感知，但同样会带来对创意项目可行性的质疑。因此，新颖性过高或过低皆不利于管理者对创意价值的综合感知和认可。第三，管理者在预估创意价值并做出决策前，一般从四个方面感知创意价值，分别是对外竞争性、对内竞争性、对外可行性以及对内可行性，其中，竞争性很强但可行性很低的创意（搜狗浏览器项目）并未得到管理者的青睐，反而竞争性整体水平与可行性整体水平较为平均的项目更可能得到管理者的认可和采纳。因此，平衡并兼具竞争性和可行性的创意项目最有可能得到管理者的支持。第四，员工使用创意倡导行为能有效提高管理者的采纳意愿。案例二、三、四当中的倡导行为与其汇报过程同时进行，因此较难看出倡导的效果和具体影响路径。但案例一当中，倡导行为的重要性凸显无疑，在倡导前，管理者拒绝创意并将负责人调离本职，而在经过长时间的倡导工作后，创意团队最终力挽狂澜，得到了管理者对创意项目的认可和支持。

根据编码和数据情况，本研究对四个案例中的创意新颖性、管理者认知、创意采纳和创意倡导等内容进行打分，对比各个要素在创意项目发展过程中的关联度和重要性（见表3-13），打分过程的具体流程是：（1）由研究团队中的2名成员通读与案例相关的所有材料、数据和视频，依据案例编码原则，找到各个要素的表征内容和素材；（2）根据证据内容的丰富度和重要性进行独立打分;(3) 对于意见不一致的打分情况,由研究小组全体成员讨论并请教本领域专家进行最终审核,确定最后的得分。以上述方式揭示和对比不同案例当中影响决策者创意采纳可能性的重要因素,探索创意新颖性与创意采纳之间可能的关系机理。

表 3-13　关键要素打分及多案例对比分析

要　素	狗搜浏览器	华为语音加密	华为软件测试	美的消毒器
新颖性维度（N）	1N1(e1−e3) 1N2(e4,e5) 1N3(e6,e7)	2N1(e58) 2N2(e60−e61) 2N3(e62)	3N1(−) 3N2(e59) 3N3(e63)	4N1(e106−108) 4N2(e109−111) 4N3(e112)
原创性高（N1）	5	3	2	5
解决问题方法新（N2）	4	4	3	3
组织的突破性创新（N3）	4	3	3	4
合　计	14	10	8	12
管理者认知维度（R）	1R1(e8−e16) 1R2(e17−e20) 1R3(e21−e28) 1R4(e29−e33)	2R1(e64−e66) 2R2(e72.e73) 2R3(e78−e80) 2R4(e84−e87)	3R1(e67−e69) 3R2(e70,e71) 3R3(e75−e77) 3R4(e81−83)	4R1(e113−117) 4R2(e118−120) 4R3(e121−e125) 4R4(e126−130)
对外竞争性认知（R1）	4	4	3	5
对内竞争性认知（R2）	3	3	3	4
对外可行性认知（R3）	2	4	4	4
对内可行性认知（R4）	2	3	3	3
合计	11	14	13	16

要素	狗搜浏览器	华为语音加密	华为软件测试	美的消毒器
创意采纳（A）	1A1(e56) 1A2(e53,e54) 1A3(e55) 1A4(−) 1A5(e57)	2A1(e103,104) 2A2(e97) 2A3(e99−e101) 2A4(−) 2A5(−)	3A1(e105) 3A2(e98) 3A3(e100) 3A4(−) 3A5(−)	4A1(e143,144) 4A2(e141) 4A3(e142) 4A4(−) 4A5(−)
认可价值（A1）	2−4	3	2	4
同意实施（A2）	1−3	3	3	4
提供支持（A3）	2−4	3	3	4
修改议程（A4）	未体现	未体现	未体现	未体现
调整战略方向（A5）	有调整	未体现	未体现	未体现
合　计	5−11	9	8	12
创意倡导（C）	1C1(e34−e41) 1C2(e42−e44) 1C3(e45−e52)	2C1(e88) 2C2(e91,e92) 2C3(e94,e95)	3C1(e89,e90) 3C2(e93) 3C3(e96)	4C1(e131−135) 4C2(e136−e138) 4C3(e139,e140)
合理说服（C1）	5	4	3	4
咨询合作（C2）	4	4	2	3
鼓舞感召（C3）	4	2	2	3
合　计	13	10	7	10

注：依据文字、视频、访谈等材料进行跨案例二级编码的5级制打分，5-显著；4-较显著；3-中等；2-不太显著；1-不显著。

通过对各要素的归纳和打分情况进行对比分析，进一步验证了本研究的初步设想。从高新颖性程度上看，案例一＞案例四＞案例二＞案例三；从管理者所认为的创意整体价值得分上看，案例四＞案例二＞案例三＞案例一；从创意采纳的意愿上看，由于案例二至四并没有较为明显的倡导过程材料，其倡导过程与方案演示过程相一致，因此，只对比案例一倡导前后的变化。倡导前，采纳意愿程度为：案例四＞案例二＞案例三＞案例一；倡导后，意愿程度为：案例四＞案例一＞案例二＞案例三。各要素之间的关系大体上与

表 3-12 初步整理的案例结果一致，接下来会对各变量之间的关系进行进一步的梳理并提出本研究的命题。

四、跨案例分析及命题提出

（一）创意新颖性与创意采纳

通过对创意新颖性要素的归纳和打分情况进行分析，研究发现，四个案例的创意项目在新颖性程度上存在显著差异，搜狗浏览器项目属于现有业务外的高新颖性创意，华为语音加密属于现有业务外低新颖性创意，华为软件测试属于现有业务内低新颖性的创意，美的消毒器属于现有业务内高新颖性的创意。根据打分情况按顺序排列为搜狗浏览器（14）＞美的消毒器（12）＞华为语音加密（10）＞华为软件测试（8）（见表3-14）。

表 3-14　创意新颖性、创意采纳得分的跨案例对比

要　素	搜狗浏览器	华为语音加密	华为软件测试	美的消毒器
新颖性得分	14	10	8	12
原创性高（N1）	5	3	2	5
解决问题方法新（N2）	4	4	3	3
组织的突破性创新（N3）	4	3	3	4
创意采纳得分	5-11	9	8	12
认可价值（A1）	2-4	3	2	4
同意实施（A2）	1-3	3	3	4
提供支持（A3）	2-4	3	3	4
修改议程（A4）	未体现	未体现	未体现	未体现
调整战略方向（A5）	有调整	未体现	未体现	未体现

本研究从创意项目与企业主营业务的相关性以及技术距离的远近程度两

个方面，将案例项目的新颖性程度分为四种类型。从新颖性类型划分的结果中可见，不管是业务内还是业务外的项目，与现有技术距离更远的创意比距离近的创意得分更高，主营业务外的创意比主营业务内创意的得分更高（如图3-4所示）。

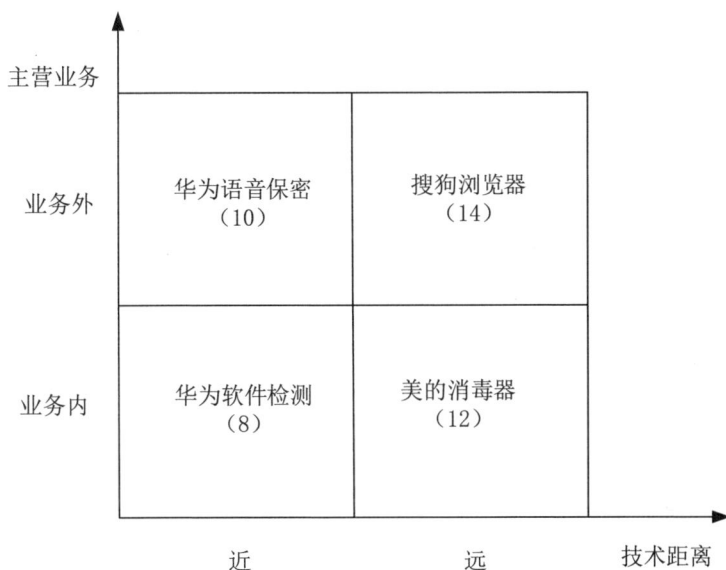

图3-4 创意新颖性的跨案例对比

对比新颖性得分与创意采纳得分的关系情况看，由于案例二、三、四的倡导行为与创意汇报和展现过程同属一个过程，难以区分倡导前后的差异，因此，研究只关注倡导对案例一的影响情况。在创意倡导前，尽管搜狗浏览器创意的新颖性程度最高，但管理者对这个项目的认可程度和采纳意愿非常低，而案例二、三、四的创意新颖性得分与采纳意愿得分呈现正向影响关系。因此，从整体上看，在没有采取倡导行为之前，创意新颖性与创意采纳意愿之间并非完全的正向线性关系，当创意新颖性过高时，管理者的采纳意愿有显著下降的趋势。例如在搜狗浏览器项目案例当中，王小川初次向上级张朝阳提出研发浏览器，开启浏览器＋输入法＋搜索的"三级火箭"盈利模式的创意时，遭到了张朝阳的极力反对，甚至还将王小川解职，而处于新颖性程度较低的华为软件测试项目（经理曾评价项目为"小改进，大成功"）以及新颖性程度较好的语音保密和消毒器项目都获得了管理者的青睐和支持。

由此我们得出。命题一：创意新颖性与创意采纳呈现非线性相关关系。

（二）管理者认知的中介作用

从前文的推论上看，管理者并不会因为创意新颖性很高而采纳它，也不会因为新颖性不够高而不采纳，那么，新颖性到底是通过什么路径来影响管理者的采纳意愿的呢？新颖性更多是对创意本身绝对价值的评价，而管理者在感知创意价值的时候，更多考虑的是创意的相对价值，如张朝阳在感知浏览器项目价值时，就将其与 IE 的 Bing 项目做对比，认为浏览器项目不能为企业带来外部竞争性。又如华为软件测试项目的经理之所以认可项目，就是他认为软件测试创意虽然只是一个小的改进，但它对比其他的创意项目，更具实操性和便利性，更容易实现和推广，而四个项目当中的管理者皆从四个方面考量创意的相对价值，分别是创意的对外竞争性、对内竞争性、对外可行性以及对内可行性。虽然在不同案例当中，不同管理者在四个方面的考量涉及不同的内容和侧重点，如在对外竞争性认知方面，搜狗的管理者关注创意是否能优于竞争对手，语音加密项目的管理者更关注项目能否更好地解决客户的问题并给组织带来竞争力，消毒器的管理者认可创意技术的前沿性带给组织的可持续竞争力，而软件测试的管理者则不太关注外部竞争力的强度。因此，对于竞争性和可行性的具体测度内容还需要通过文献分析和大样本调研来进行系统分析和验证。从跨案例对比的结果中，研究发现，随着创意新颖性的提高，创意采纳可能性增加，但新颖性得分过高时，管理者对创意价值的感知和认同度降低。随着管理者对创意价值的评分的增加，其对创意项目的采纳意愿提高（如表 3-15 所示）。

由此提出命题二：管理者认知在创意新颖性与创意采纳之间起中介作用，管理者识别的创意整体竞争性和可行性水平越高时，其对创意的采纳意愿越高。

表 3-15　新颖性、管理者认知与创意采纳得分的跨案例对比

要　素	狗搜浏览器	华为语音加密	华为软件测试	美的消毒器
新颖性得分	14	10	8	12
管理者评价得分	8-11	14	13	16
对外竞争性认知（R1）	2-4	4	3	5
对内竞争性认知（R2）	2-3	3	3	4
对外可行性认知（R3）	2-2	4	4	4
对内可行性认知（R4）	2-2	3	3	3
创意采纳得分	5-11	9	8	12

（三）创意倡导的调节作用

由于案例二、三、四的创意倡导过程与创意展现和汇报过程没有特别明确的时间和过程上的区分，较难准确地划分和比较倡导前和倡导后管理者采纳意愿的对比情况，因此，本研究着重关注案例一当中，创意团队实施倡导行为前后的差异。如表 3-16 结果所示，同样为高新颖性得分 14 的创意项目，在实施各项倡导行为之前，管理者对其竞争性和可行性的综合评分较低，只有 8 分，而通过采取多种倡导方式，如"王小川凭借自己的关系，从各个部门搜罗人才，拥有不同专业知识和技能的人才能为项目的发展提供不同的知识和资源"，以完善和提升创意方案；又如"王小川在解职期间选择去清华大学经管院就读 EMBA 课程，利用机会组织团队进行浏览器研发，并开发一系列新的功能和概念，以拓宽浏览器的应用范围和客户群体"；再如王小川在介绍自己为什么要开发浏览器时，运用了比喻的手法："如果正面进攻不能奏效，为什么不侧面进攻，或者干脆在旁边挖个地道？"即用挖地道和侧面攻击比喻选用浏览器研发的方式解决搜狗搜索面临的问题，既形象又生动。通过倡导的过程，管理者对浏览器＋输入法＋搜索的"三级火箭"盈利模式的外部

竞争力以及盈利有了新的认知，对浏览器项目能为组织内部其他项目带来的优势和溢出效应有了新的理解和认识。通过将浏览器项目与组织现有战略优势——输入法和发展重点——搜索业务相联系，为管理者展现浏览器业务发展对现有核心业务的促进和推动作用，使得管理者认识到现有战略需要拓展，进而重新审视浏览器项目的潜在价值，最终认可并接纳，采纳意愿也从原来的5分上升到11分。

由此提出命题三：创意倡导在创意新颖性与创意采纳关系中起重要影响作用。（具体的调节作用发生在前半路径还是后半路径未作解释）

表3-16　浏览器项目倡导前后的得分对比

要　素	新颖性	对外竞争性	对内竞争性	对外可行性	对内可行性	创意采纳
倡导前						
程度	很好	较好	较差	较差	一般	很差
得分	14	2	2	2	2	5
倡导后：（倡导行为得分 15）						
程度	很好	很好	较差	一般	较好	较好
得分	14	4	3	2	2	11

五、本章小结

本章通过对四个典型的员工创意项目进行深入的探索性案例研究，通过收集、编码、归纳、挖掘和分析与案例相关的所有文字、访谈、视频等材料，刻画并抽象出案例现象背后蕴藏的影响管理者采纳意愿的关键要素和影响机理。扎根理论的案例研究方法对于剖析"影响创意采纳的因素是什么？""为什么新颖性很高的创意反而不容易得到采纳"以及"如何提高创意的采纳可能性"等问题有重要作用，能为相关问题提供现实依据和可能的影响路径。本研究运用跨案例比较的方法，探究了创意新颖性、管理者认知、创意采纳以及创意倡导之间的关系。从跨案例比较的结果上看，本研究认为创意新颖性对创意采纳存在非线性的影响关系，管理者如何感知和判断创意的相对价值在其间有重要的中介作用，同时，创意倡导在新颖性和创意采纳关系间起重要的调节作用。但案例研究毕竟是个例研究，相关的结论和维度不具备普适性和推广性。同时，命题一中指出了创意新颖性与创意采纳存在非线性关系，但这种曲线关系是不是倒 U 性关系，还有待进一步的验证。命题二中揭示了管理者认知的重要中介作用，但管理者认知的具体维度，即对外竞争性、对内竞争性、对外可行性以及对内可行性的具体维度和测度在不同案例当中有不同的表现，需要进行进一步的归纳和整理。新颖性如何通过影响管理者对竞争性和可行性认知的判断来影响决策的过程也有待细化。命题三阐明了创意倡导在创意过程中的重要调节作用，但这种影响作用是发生在从新颖性到管理者认知的过程中，还是发生在从管理者认知到创意采纳过程中，还是说在两个过程当中皆有重要影响作用呢？上述的所有问题需要接下来利用理论挖掘和大样本问卷调查的方法进行进一步的挖掘和剖析。

第四章　研究假设与理论模型

第三章探索性案例的剖析和挖掘为我们探索从创意产生到创意采纳过程当中，对管理者有哪些评价标准与考量，员工及其团队又如何倡导创意的过程给予了现实的案例和思路。典型案例对于理论构建和命题的引出有独特的优势，但始终是特例难以获得较为普适性的结论和验证，研究结论存在一定的概化性问题。鉴于此，本研究根据现有理论进一步对相关逻辑结构和结论做了深入分析和论证，以求详细探究创意新颖性、管理者认知、创意倡导对创意采纳的作用效果和作用机制，形成本研究的理论模型和研究假设。

一、创意新颖性与创意采纳的关系

对于新颖性与创意采纳之间的影响关系，现有研究有不同的结论，部分学者认为两者之间是负向的线性关系（Chan，2018），即新颖性越高越不容易得到组织的采纳。部分学者认为两者之间是曲线的关系（West，Dionne，2002；Škerlavaj et al.，2014），即新颖性适度的创意被采纳的可能性越高。

基于不确定性规避理论，管理者面对新想法所带来的不确定性和模糊情境，往往会感受到强烈的威胁感，高不确定性规避的倾向降低组织对风险的预判力与容忍度，组织可能会因为以下几个原因不愿意采纳创意想法：第一，高度新颖性的创意具备高度的原创性和独特性，意味着对现有产品、服务或做事方式的背离（Dean et al.，2006 年）。这些特征容易引发不确定性和风险，导致企业怀疑或不愿意采用（Perry Smith and Mannucci，2017 年）。第二，高新颖性的创意项目，其目标很可能与组织战略目标不一致。这种类型的创意项目可能更满足新兴市场的顾客需求，但组织内部缺乏对相关创意价值评判和衡量的标准，也缺乏发展创意的技术和人才，对创意推进过程中面临的不确定性和挑战缺乏应急机制和处理办法。同时，发展新创意项目势必会减少组织在原有主营业务上的资源、技术和人力投入，如果新业务需要企业抛弃原有独特能力，则新业务难以获得组织高层的支持（Burgelman，1983）。因此，管理者很可能基于对未知领域风险性和复杂性的担忧，以及对核心业务可能造成的负面影响而做出非最优的资源决策（王益民，2004），即容易做出拒绝创意的决定。第三，高管团队是自上而下创新方向的把控者和制定者，与组织战略不一致的创意，可能不仅不会促进创意想法的采纳，还有可能起阻碍甚至抑制作用，这与创意本身的有用性关系不大，更多是因为其触碰了组织内的某些权力结构和既定的结果，损害了某些人的利益而因此遭受抵制，也因如此，这些创意往往难以获得其实施所需要的资源（如同事的支持、资金支持、渠道资源、专家技术指导等）（Damanpour 1988；Van de Ven 1986；Baer，2012；朱桂龙，温敏瑢，2019）。第四，企业很难评估新想法中体现的遥远知识的有效性和潜力，也很难准确估计实现这些想法所需的投资（Kotha，George and Srikanth，2013）。

基于资源配置理论，组织筛选和采纳创意项目的过程实质上就是资源配置的过程。由于资源是有限的，企业虽然希望开发出更多的竞争优势，但并非所有项目都能得到资助，因此，他们更多关注如何激发创意以实现组织现有的战略目标，通过设立竞争优先级的顺序，起到诱导创新的作用。在内外部环境稳定的情况下，中层管理者会把时间、资源、精力统一放到高管诱导性的战略方向上（Burgelman，1983）。因此，在权衡利弊之后，新颖性过低的创意项目，由于其技术内涵和效用与组织现有技术相似，管理者将更多的资源配置于这类项目可能会产生资源重置的问题。同时，新颖性低的创意项目无法挖掘和激发组织潜在资源的价值和用途，对提高资源利用效率、发现和满足市场新兴需求并无益处。对于新颖性过低的创意想法，组织采纳和为之投入资源和资金的意愿很低。对于新颖性过高的创意项目，实现该项目所需的资源更多是组织对现有优势资源无法给予帮助，甚至需要组织重新搜寻、重组和配置的。在实现该创意过程中，虽然挖掘现有资源的潜在价值或灵活调动组织冗余资源能降低部分资源配置成本，但实现的难度很大，失败风险很高。若无法从组织内获得相关资源，需要从组织外重新搜索、构建和获得相关社会网络和资源基础，所需人力、物力、时间和成本巨大。且高新颖性的想法对内而言，并不容易被组织成员所接受、学习和使用，倡导这一想法所要付出的精力、时间和资源会比一般的项目多得多；对外而言，并不容易被社会规范接受，其成功和获得竞争优势的路径会更长更坎坷。因此，对于新颖性过高的创意想法，组织采纳和为之投入资源和资金的意愿也很低。如Criscuolo 等（2017）发现，公司项目的经费审核通过率（即批准金额与申请金额的比例）与研发项目的新颖程度呈现倒 U 型关系。

综上所述，为了不断适应瞬息万变的环境，组织寻求新知识以产生偏离现有流程的替代解决方案，以避免路径依赖（Wang et al.，2020 年）。创意搜寻成了组织搜索新知识的重要渠道，是组织应对动态环境变化的重要举措，而新颖性是其判断知识新旧的重要依据。因此，管理者渴求新颖性为企业带来竞争潜力和独特价值。但管理者在采纳创意项目时，面临着"机遇"和"风险"双重叠加效应，随着新颖性程度的加剧，不确定性和风险性的负面影响持续增长，管理者的采纳意愿也随之降低。

基于以上逻辑，本研究提出如下假设。

假设 H1：产生创意的新颖性程度过低或过高皆不利于创意采纳，只有新颖性适度的创意才更可能被管理者采纳。因此创意新颖性与创意采纳之间呈现倒 U 型关系。

二、创意新颖性与管理者认知的关系

关注、挖掘或引进创新者或明星员工已成为越来越多企业的重要战略举措，但更为重要的是，企业不仅仅需要千里马，还需要能挖掘和发现千里马的伯乐。Jerry Hirshberg（1998）在其著作中强调，能够发现重要的新点子的人同样非常重要且罕见。很多企业花尽心思去挖掘其他公司的"创新明星"，其实是因为他们没有发现那些闪闪发亮的创新火种就在他们的身边。Choi 和 Chang（2009）在其研究中指出，创新的成功不仅依赖于创意的产生，更依赖于有效的筛选和采纳。当今的动态环境带来了前所未有的问题和挑战，组织需要更多的创意想法来维持生存和繁荣。从根本上说，新颖性是实现差异化和竞争力的动力，是公司增长的引擎。大多数人都有机会接触新颖的信息、思想和知识。但是，其中许多人没有注意到这些新颖的思想是竞争优势的来源。新想法需要得到认可才能获得充分的发展（West，2002；Zhou and Woodman，2003）。否则，无论一个组织在培养员工产生新想法方面多么成功，以及这些最初的想法多么有希望，它们都可能被忽视和浪费。因此，对新事物敏感程度、在遇到新事物时对其进行识别，对于组织至关重要（Schulz，2001）。

管理者采纳创意的前提是他们对创意项目有较高的期待和评价，在创意产生到创意采纳的过程当中，管理者对团队所产生创意的评价和态度对后续的采纳行为有关键影响。在第二章的文献综述部分，本研究借鉴机会识别理论、战略过程理论以及服务创新理论，对管理者和顾客如何评价创意项目的内容进行了详细的梳理。基于创业理论视角，管理者对机会的认知和识别过程主要分为两个方面，分别是营利性识别和可行性识别。基于战略过程理论视角，管理者对自下而上创新的认知评价过程主要考虑两方面的问题，一是创意是否具备创意可行性，二是创意项目是否能获得竞争优势。基于服务创新理论，企业对是否采纳服务创新有两项重要考核要素，分别是供应商的可持续竞争能力以及供应商与自身情感联系的紧密程度。同时，创意的内隐理论指出，人们会使用大量超出新颖性和有用性的指标来评价一个创意 (Atran et al.，2005；Keller and Loewenstein，2011)。Mueller（2012）在其研究中指出，与创新者相比，管理者在识别和评价创意时，更关注项目的价值和可行性。因此，本研究在此基础上，重点辨析了两种不同的评价路径和评价机制：竞争性和可行性。其中，竞争性指的是新想法与组织内外其他项目相比，能为企业在市场中获得更高的收益回报、竞争优势和地位；可行性指的是新想法对内而言能与现有流程相适应，容易被员工接纳和使用，对外而言能被市场和客户所接受。

（一）创意新颖性对竞争性的影响作用

竞争优势被定义为企业在市场中获得优势地位的能力（Salunke et al., 2019）。当一个公司成功地实现了别人难以模仿的价值创造战略时，它便拥有了竞争优势。对于创意项目而言，其竞争优势的实现需要对内对外两个维度的延展。对内而言，创意项目的竞争优势体现在它与组织内其他项目相比，具有更高的有效性和收益率，即创意项目对解决问题和帮助组织获得较高收益回报有较大组内优势。对外而言，创意项目的竞争优势体现在它与外部组织或项目相比，具备更强的市场优越性和竞争力，即创意项目的实现能为组织获得更优越的市场地位，难以被竞争对手轻易模仿，能帮助组织获得持久的利润以及为组织的长远发展奠定坚实的基础。竞争优势对组织而言是关键的声誉信号，因为它意味着竞争优势来源于竞争者无法轻易模仿企业的创新战略（Salunke et al., 2019）。对创意项目而言，能否为组织带来声誉和机会是管理者认知的重要指标。因此，当创意的新颖性较高时，该技术对于现有市场而言是独创的、难以模仿的，有较高的市场潜力和竞争优势。对于组织内部而言，新颖性高的创意，若能利用已有资源进行深度开发，在组织优势资源的帮助下形成新的竞争优势和战略领地，能帮助企业跨越熟悉陷阱和红海竞争，管理者对该创意项目的价值识别和认知评价更高。同时，竞争性认知指的是管理者对创意具有何种竞争优势以及这种优势与内外部其他项目相比，其水平如何的一种判断。因此，本研究认为，创意新颖性对竞争性认知有正向影响作用。

（二）创意新颖性对可行性的影响作用

基于预算和资源限制，管理者只能选择小部分创意项目进行进一步发展。经济标准是决策框架中最常见最容易应用的评价属性（Molinsky, 2012）。Mueller 等（2018）通过构建创意评价模型，通过实验检验，指出决策者倾向于采取经济心智模式，即优先考虑采用理性、效率、准确性和自身利益等经济性指标评价创意项目。因此，企业更喜欢需要较少的技术、人力和财力资源，实施时涉及较少的绩效风险的想法。首先，在技术方面，企业更倾向于整合与组织现有领域相似或相邻的知识，而不是用不熟悉或异质技术进行知识整合（Piezunka and Dahlander，2015）。第二，在资源配置方面，资源限制缩小了企业对每个想法的关注度，迫使企业依赖更简单的元信息或启发式线索来简化想法过滤过程，提高决策效率（Piezunka and Dahlander，2015）。第三，在战略一致性方面，公司更喜欢与当前产品、服务或常规没有太大偏离的想法，因为偏离可能会导致功能和财务风险（Baer，2012）。第四，在社会认可度方面，决策者出于经济性的思维方式，会唤起特定的内隐指标来评价一个创意。我们认为社会认可是他们遵循的一个重要线索，因为这些线索似乎能够提供一个创意的可接受性、合法性和成功潜力的证据。Rao 等（2001）的研究证明，当决策者在从事不确定的行动时，他们倾向于观察和模仿大多数人的行动。Pollock 和 Rindova（2003）的研究发现，如果社会对某个企业的社会认可度低，投资者会放弃对这个企业的融资。

基于这些原因，一个想法的可行性可以作为企业采纳新想法决策的显著启发线索（Kijkuit and Van Den Ende，2007）。新颖的想法通常是不常见的和有风险的，它们成功地转化为实际产品将需要公司修改或改进其技术基础设施，以及投入额外的财力和人力资源。因此，它们可能与较低的可行性有关（Rietzschel，Nijstad and Stroebe，2010）。Rietzschel、Nijstad 和 Stroebe（2010）也指出，只有在可行的情况下，新的想法才对公司具有实际意义。从这个意义上说，创意新颖性代表了一个创新过程的开始，即寻求可行的解决方案。遵循经济心智模式，企业可能会将想法的可行性作为其采纳决策的一个线索，因为这样做意味着他们可以用尽可能少的努力，从大量拥挤的具有不同程度新颖性的想法中进行选择。总体而言，考虑到创意新颖性与创意可行性之间的负相关关系，以及创意可行性对创意采纳的积极影响，本研究认为创意新颖性对可行性认知有负向影响作用。

上述两种矛盾的内在机制在现实情境中，可能表现出共存的状态，也可能表现出某一机制压制另外一种机制的状态，两种对抗机制之间的动态变化是导致倒 U 型关系的本质所在（Haans and Pieters et al.，2016；邢璐和孙建敏等，2018）。

假设 H2：创意新颖性对管理者认知有倒 U 型作用，即当创意的新颖性过低或过高时，皆不利于管理者对创意项目的价值有较高的评价，只有新颖性适度的创意才能获得较高的评价。

假设 H2a：创意新颖性对竞争性认知有正向影响作用。

假设 H2b：创意新颖性对可行性认知有负向影响作用。

三、管理者认知与创意采纳的关系

产生创意的新颖性程度会对管理者的评价有重要影响作用，被管理者识别和评价为有价值的创意才会进入后续的阶段。从前文可知，管理者对创意项目价值大小的评判依据主要有两个方面，分别是竞争力评价和可行性评价。

竞争优势是一个相对的概念，指的是企业与外部竞争对手相比，拥有更快的市场反应速度、更高的生产效能、更好的产品质量和更高的创新速度。这种优势能为组织应对不确定性较高的创新环境，在激烈的市场竞争中占据有利位置（葛保宝和周晓月，2015），具体而言，表现在内部运营环境以及外部市场环境当中优于竞争对手的各种特质，如内部创新速度、产品质量、外部市场表现等（马洪佳，董保宝和葛宝山，2014）。当创意项目拥有较高的外部竞争优势时，即创意的实现能为组织带来较好的市场表现、获得高额绩效和占得领先地位时，即便创意与本企业的技术方向、市场领域相异，组织也愿意付出更多的成本、人才和资源帮助项目的实现和商业化。当创意项目拥有较高的内部竞争优势时，即与组织内部其他创意项目相比，该项目的有效性和完成度更高，或者是项目的实现有利于挖掘组织现有资源的潜在价值和用途，调动组织当中的冗余资源，以开发出更有利于内部运营效率的盈利方向，此时，组织在资源有限的情况下，更乐意将资源分配给内部竞争优势更强的创意项目，以获得更高的资源配置效率和内部创新速度。

基于计划行为理论，对创意可行性的识别和评价能够提升管理者对开展创意项目的感知行为控制，使得组织更有可能采纳和实施创意。对创意机会可行性的识别有助于提高个体采纳和实施想法的意愿（刘万利等，2011），当管理者对创意的可行性持肯定态度时，则在一定程度上代表了管理者对创意转化为商业产品或服务的认可和愿意为之付出努力的态度。Baron（2004）从三个方面刻画管理者对项目可行性的评价过程。一是考量该项目的可操作性程度；二是观察项目是否不易被竞争对手模仿；三是评估项目是否被个人和社会价值所接受。张秀娥等（2017）则从独占性和可利用性两方面衡量可行性。其中，独占性指的是创意产品进入市场后的独特性，即难以被竞争对手模仿；可利用性指的是该创意产品或服务能为当前市场所接受，为市场所需。创意项目的可行性是项目能否被开发的必要条件，对于无法实行的机会，即便其存在一定的价值和优势，组织也会放弃它（王勃，2019）。Dailey 和 Mumford（2006）在其研究中发现，对创意能否被采纳，评估者主要从以下三个方面考量：一是员工接受度，即该创意容不容易被组织成员接受，以及成员在操作创意相关程序时是否便利；二是对现有流程的干扰程度，即组织在采纳和实施项目时，面对的阻碍有多大，是否会对现有流程造成较大的干扰，调整和适应的难度大不大？三是资源调配和需求程度，即要完成该创意项目所需的资源有哪些？组织能否获得所需的人才、资源和资金？在现有研究的基础上，本研究认为，管理者对创意项目可行性的评价标准主要分为对外和对内两个部分。其中，对外可行性评价指的是对外部市场而言，创意项目的技术可行性如何，具体包括三个方面的内容，即创意项目的可操作性如何、项目是否不易被竞争对手模仿以及项目能否被社会价值所接受。对内可行性评价指的是对组织内部而言，创意项目的实施可行性如何，具体而言包括三个方面的内容，即项目是否被员工所接受、项目对现有流程的干扰程度如何以及组织是否能满足项目对资源的需求。

在对创意项目的竞争力和可行性进行判断并认可后，管理者可能会采取多种措施推动创意项目的采纳和实施（Floyd and Lane，2000）。如他们会在公开的场合中支持和倡导创意项目，他们会为创意项目的实施提供多种支持和投入，他们会修改现有的章程，有利于将创意项目并入组织的任务目标当中，他们甚至会改变组织战略以适应创意项目的发展……新颖性程度高并不意味着管理者对其价值和可行性的判断和评价高。同样地，管理者认为有高价值的创意项目也并不一定被组织采纳，这是因为：（1）对市场有价值的创意并不一定与组织现有战略方向一致；（2）长期投资可能与组织的短期目标实现相冲突；（3）创意项目可能触碰到利益相关者的权益，遭受更多的阻碍和困难（Mueller et al.，2018）。管理者在评价创意时，更多考虑的是创意本身的价值和可行性，例如创意的技术特征和经济性，而组织在最终决定采纳哪些创意项目时，更多考量的是风险性和复杂性。

基于以上逻辑，本研究提出如下假设。

H3：管理者认知对创意采纳有正向影响作用，即管理者认知创意项目的质量和价值越高，其采纳意愿和支持力度越高。

H3a：管理者对创意项目的竞争性认知对创意采纳有正向影响作用。管理者对创意项目竞争力评价越高，其采纳意愿和支持力度越高。

H3b：管理者对创意项目的可行性认知对创意采纳有正向影响作用。管理者对创意项目可行性评价越高，其采纳意愿和支持力度越高。

四、管理者认知的中介作用

管理者认知在员工创意新颖性和创意采纳之间的中介作用是通过两个细分维度及其之间的交互效应共同发生作用的，该作用体现了倒 U 型关系的本质特征。近年来，越来越多管理学领域的学者提倡和鼓励研究者关注、思考和检验超越简单线性关系的现象。如 Pierce 和 Aguinis（2013）指出，研究者长期关注变量之间的单调线性关系将不利于理论的完善和决策的发展。Haans 和 Pieters 等（2016）认为发展和检验非线性关系的假设已经成为许多战略管理领域学者的重要议程。邢璐和孙建敏等（2018）用"过犹不及"效应概括倒 U 型作用的效果，并指出倒 U 型关系的本质为两种对抗性关系的调谐机制，挖掘和剖析两种相反效应以及他们如何在作用过程中被调谐是日后研究的重中之重。

Haans 和 Pieters 等（2016）基于战略管理领域，以 SMJ 杂志为数据来源，选取 1980—2016 年间发表在其中的 110 篇经典倒 U 型关系的文献，通过对其进行系统的整理、回顾、归纳和分析，文章将倒 U 型关系的本质、类型以及证明方法进行了系统的阐释和展示。根据他们的研究结果，倒 U 型关系可以被概念化为两个潜在的函数（如图 4-1 所示）。第一种类型是"收益—损失"叠加效应组合（图中的第一和第二行），具体分为两种表现形式，一是收益增长（增长的边际效率是定值）+ 损失增长（增长的边际效率递增），当边际损失的增长强于边际收益时，呈现倒 U 型曲线形态。如 Mitchell 和 Boyle 等（2016）探究了决策全面性与组织绩效之间的倒 U 型关系，作者认为，影响两者关系的对抗性机制有两个：一方面，决策全面性对把握机遇和控制风险有正向影响作用，而正确地解读信息和预测风险能为企业带来更多的收益，进而提高组织绩效；另一方面，决策全面性会导致认知资源的增加，占用其他项目的资金和资源，提高组织成本，即决策全面性会负向影响成本控制和资源分配的最优化，带来一定的成本和损失。当决策成本的边际损失与决策获利的边际收益相等时，决策达到最优，此时组织绩效最高，此后，决策全面性对绩效的影响将呈现下降趋势，从而整体呈现倒 U 型的状态。

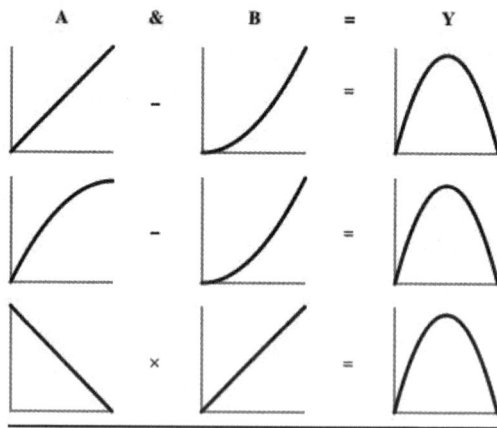

图4-1　倒U型关系的解释机制

二是收益增长（增长的边际效率递减）+ 损失增长（增长的边际效率递增）。同样是当边际损失的增长强于边际收益时，呈现倒 U 型曲线形态。如 Von den

Driesch 等（2015）探索了 CEO 年龄对组织动态能力的倒 U 型关系。单独考量 CEO 年龄对组织所带来的收益和损失时，作者发现，随着 CEO 年龄的增长，他们的个体学习能力、知识和经验的积累程度以及感知机会和威胁的能力都在逐步上升（但上升的边际效率是在递减的），这种学习能力的提升有利于组织动态能力的构建；但同时，随着年龄的增长，他们的开创性、冒险精神和创造力在下降，路径依赖感加强，做出的风险规避行为更多，最终不利于组织动态能力的增强。当学习能力的边际效益与保守性带来的边际损失相等时，CEO 年龄对组织动态能力的作用达到最高临界值，此后，CEO 年龄对组织动态能力的影响将呈现下降趋势，整体呈现倒 U 型的状态。

第二种类型是"动机—能力"增减交互效应组合，作者假设自变量对于动机而言是正向的影响，对于能力而言是负向的影响，当自变量较低或较高时，一种机制水平很强，另一种机制水平很低，交互效应的结果均较低。只有在变量水平适中时，两者的交互效应值达到临界点，得出最优的结果（即倒 U 型关系的极值点）。如 Ang（2008）在研究企业竞争强度对协作水平的影响研究中，通过剖析竞争强度当中的两个维度，即机会函数（与协作呈现负线性关系）和激励函数（与协作呈现正线性关系）来深度剖析竞争强度与协作之间的倒 U 型关系。当面临较低的竞争强度时，企业拥有吸引潜在合作伙伴的资源和优势，有更多的机会进行合作和获得有利的条件（Burt，1992）。由于占据优势地位，为进一步降低竞争强度，企业与其他企业合作的动力会减弱。当面临较高的竞争强度时，企业因为缺乏独特资源或未获得开发和利用新资源的技术和能力，很少有机会获得合作方的青睐，未能有足够的资源吸引潜在合作伙伴的资源。只有竞争强度中等时，企业才有最大的机会进行合作。与低竞争强度相比，企业在中等竞争强度时拥有良好的潜在合作伙伴，与高竞争强度相比，公司具备吸引合作伙伴的能力和资源，同时，他们也渴望合作，因为若不提高竞争力，他们就有面临被高竞争企业比下去的风险。

创新的成功不仅依赖于创意的产生，更依赖于有效的识别和筛选。基于组织能力视角，创意作为一种稀缺资源，其蕴含的异质能力禀赋是组织获得独特竞争优势的来源。即从根本上说，新颖性是实现差异化和竞争力的动力，是公司增长的引擎，但管理者采纳创意的前提是他们能够感知、识别并利用创意中蕴含的潜在能力和资源。管理者认知指的是管理者在感知和解读环境变化的基础上，对创意项目能否带来机会的知觉和判断，在组织资源开发和能力部署中起着核心作用（Benner and Tripsas，2012；Eggers 和 Kaplan，2009）。管理者认知具有诊断和预测作用，管理者的各种决策和战略选择都源于对环境的差异化理解，并由此形成是否接纳创意的意向，并做出相关的投入和支持行为（Kaplan，2008）。本研究中管理者认知是由竞争性认知和可行性认知两个相互对抗的作用机制共同影响创意新颖性和创意采纳之间的关系。可行性认知在两者之间呈现出负向的中介作用，而竞争性认知在两者之间呈现出正向的中介作用，符合 Haans 和 Pieters 等（2016）对倒 U 型关系中"动机—能力"增减交互效应组合类型的描述。因此，本研究认为，管理者认知在创意新颖性和创意采纳之间的作用机制，其本质是可行性认知和竞争性认知这两种对抗性机制增减交互效应的结果。其中，当创意的新颖性较低时，管理者对创意可行性的认知和评价水平较高，但对创意的竞争性价值的认知和评价较低，两种潜在关系的乘积作用整体呈现较低的效果。同理，当创意的新颖性较高时，管理者对创意竞争性价值的认知和期待水平较高，但对创意可行性的认知和预判水平较低，两种潜在关系的乘积作用整体呈现较低的效果。只有当创意新颖性在适中水平时，管理者对创意的可行性和竞争性的评估都处于适中的水平，两种潜在关系的乘积达到临界点，结果最优。

当管理者对创意的竞争性有较高的期待，认为创意对外能为组织带来较好的市场表现、获得高额绩效和占得领先地位，对内有更高的有效性和完成度，有利于内部运营和效率，易于获得更高的资源配置效率和内部创新速度时，管理者的资源投入倾向和风险容忍度会提高。同时，当管理者对创意的可行性持肯定态度，则在一定程度上代表了管理者对创意转化为商业产品或服务的认可和愿意为之付出努力的态度。在对创意项目的竞争力和可行性进行判断并认可后，管理者会采取多种措施推动创意项目的采纳和实施 (Floyd et al.,2000)，如在公开的场合中支持和倡导创意项目；为创意项目的实施提供多种支持和投入；修改现有的章程，将创意项目并入组织的任务目标当中；他们甚至会改变组织战略以适应创意项目的发展……

基于以上逻辑，本研究提出如下假设：

H4：管理者认知在创意新颖性和创意采纳之间起倒 U 型中介作用，即当产生创意的新颖性过低或过高时，皆不利于提高管理者采纳创意项目的意愿和支持力度。

五、创意倡导的调节作用

创意倡导指的是团队成员说服他人采纳新思想，并获得他们对想法的认可和支持 (Scott and Bruce，1994；Janssen，2000；De Jong and Den Hartog，2010；Holman et al.，2012)。自下而上的员工创新的一个突出特点是员工及其团队是创新的提出者、发起者和主体，在推广、倡导和实施创意项目的过程当中，比自上而下创新拥有更大的主动性和积极性。在创意过程中，创意团队面对管理者的评价时，并不会被动地等待，他们会通过各种各样的方式和途径争取有利资源和信息，想方设法展现创意的独特优势和可行性，以加深管理者对项目的认识和理解，增强他们对项目的认可和认同（Perry Smith and Mannucci，2017；Lu et al.，2019）。创意团队的倡导行为可以通过在关键阶段推动和促进创意项目的进展，为日后的采纳和实施作出决定性的贡献（Howell and Shea，2001）。如 Dulaimi 等（2005）对新加坡 32 个团队的 96 名成员进行实证研究发现，项目经理表现出的创新倡导行为对项目目标的实现有重要作用，Kissi 等（2012）的研究进一步验证了这一结论。另一方面，管理者也不是被动地接受创意团队给予的信息，而是在自身所掌握的知识和经验基础上，主动搜寻内外部信息，询问相关人员的意见，以期对创意项目及其团队做出更为全面和准确的判断和选择（Huang，2018）。但受到管理者自身知识、能力和职位的限制，他们不可避免地会选择性注意那些与自己所在领域相关或相似的项目，那些与组织战略方向一致的项目。此时，创意团队与管理者之间的互动显得尤为重要，它是最大限度调整管理者路径依赖和内隐偏好的最佳机会。

（一）倡导行为：合理说服

合理说服指的是使用合理的论据和相关事实来证明创意项目是可行的，且与团队或组织关键目标密切相关。基于议题销售理论①，在创意团队与管理者的互动过程中，有两个环节尤为重要。一是在内容上，创意团队如何包装创意。创意团队能否用数字、图表等方式形象地将项目的独特优势和竞争力表现出来，如创意项目对增强组织盈利能力、提高市场份额以及提升组织形象和声誉有何种作用和贡献。二是从行为上如何表达。研究表明，创新者在汇报时的特色语言如引用典故、形象化的比喻与类比，以及手势动作、身体姿态等非言语沟通技巧均能够在项目讲解过程中促进潜在投资人的言语或视觉感知，以增强对方对项目的理解，从而显著提升其投资意愿。这种设想与感受模拟，能够减轻投资者对产品和风险的认知不确定性，进而增强其对于产品与企业的信任感。同时，这种语言标签能赋予创意新的意义，帮助高层管理者建立联系和分类系统，最终吸引他们的注意力和兴趣，因此，创意团队若能将项目与其他重要的组织成果联系在一起，倡导的效果就越好，项目越容易成功（Dutton et al., 2001）。

新颖性高的创意想法之所以经常被组织拒绝，是因为它们往往与组织正在使用的方式、组织结构以及权益关系不匹配，容易受到员工的不解、管理者的质疑以及利益集团的抵制（Kanter, 1988）。此时，有效且恰当的倡导行为对管理者识别创意价值有关键作用。在竞争性认知方面，创意团队成员通过将创意与组织关注的可持续竞争优势指标相联系，如将创意与提升组织盈利能力、市场份额和组织声誉的作用联系起来，能减少管理者对创意项目市场不确定性的担忧和疑虑。在可行性认知方面，员工通过理性说服的方式，用数据、图表、事实和逻辑将创意与组织当前的技术和市场需求相联系，展现创意与已有核心业务和技术的潜在联系和共生关系（Dutton et al., 2001）。如英特尔公司的员工，在介绍其新想法——提供防盗窃升级服务的软件时，虽然软件和英特尔主营的芯片业务有冲突，但他通过强调将软件作为

---

① Dutton J.E., Jackson S.E. .Categorizing strategic issues: links to organizational action[J]. *The Academy of Management Review*, 1987, 12(1)：76—90.

芯片的附加服务，以增强芯片业务的核心竞争力，获得了管理者的一致好评（Kannan，2018）。同时，合理说服的过程能够强化管理者和质疑者对创意新颖性和有用性的感知，增强他们对新技术、知识的兴趣和积极性，提高其对未知领域的风险容忍度，提高创意采纳成功率。

基于以上逻辑，本研究提出如下假设：

假设 H5a：合理说服正向调节创意新颖性与管理者认知之间的倒 U 型关系，即在较高的说服力度下，创意新颖性与管理者认知的倒 U 型关系更加陡峭；而在较低的说服力度下，创意新颖性与管理者认知的倒 U 型关系更加平缓。

假设 H5b：合理说服正向调节创意新颖性与创意采纳之间的倒 U 型关系，即在较高的说服力度下，创意新颖性与创意采纳的倒 U 型关系更加陡峭；而在较低的说服力度下，创意新颖性与创意采纳的倒 U 型关系更加平缓。

（二）倡导行为：咨询合作

咨询合作指的是询问上级、同事或第三方咨询机构等关键行为者创意该如何完善，或通过合作获得他们的建议或援助计划。从倡导对象上看，员工在倡导创意时可以从多个关键人物处获得支持：（1）从领导或上司处获得关注和支持，创新者能否让上司知晓、理解、认可并支持自己的创意，是创意能否进入采纳阶段的决定性环节。如 Lu 等（2019）提出，员工可以借助双重路径向上司倡导自己的创意：路径一是采用各种方法积极展现创意（如以幻灯演示、样板原型或其他具体实物为辅助来展示创意）；路径二是向上司施行影响力策略，努力让高层管理者参与进来，以获得支持和帮助。其研究结果表明，能同时借助双重路径的员工，更有可能赢得主管领导对其创意的认同和认可，并最终得以实施。（2）从同事处获得理解和支持，如 Munford 等（2002）在其研究中指出，团队成员通常会尝试从他们的同事或队员处获得注意力、支持和资源，以支持和推动创造性想法。（3）从下级处获得支持和动力。（4）从组织外获得相关支持，如施乐公司激光打印机创意团队在倡导该项目的时候，为了降低高层管理者对预计销售量和成本的担忧，他们招募了派洛阿尔托研究中心的一个分析研究小组，在他们的支持下，开发了一种新的市场预测模型，最终得到了组织的认可和采纳（Vinokurova and Kapoor，2020）。

一个有力的倡导者可以通过影响组织当中的关键人物（重要成员），赢得他们对创意想法的认同和支持，继而为创意想法的战略重要性提供依据和说服力（Shuye Lu et al.，2019）。员工通过自身积累的关系知识，利用关于自己和他人有哪些意图、利害关系、私人目标和领地的信息，了解、判断和预测创意倡导过程中可能遇到的阻力。从竞争力上看，若能获得第三方咨询机构的认可和佐证，创意在市场和技术上的潜在价值能获得更为客观的评价和验证，有利于提高管理者对创意的认可度。从可行性上看，若能获得更多同事和员工的支持，创意项目在未来实施过程中的执行力和有效性会大大提高；同时，若能让管理者也参与到创意项目中，详细了解并给予建议，创意项目在得到进一步完善的同时，亦获得该管理者的理解和资源支持。从创意过程的整体上看，争取和获得更多对采纳决策有重要影响的关键行为人的参与和支持，对于提高创意采纳率有积极的影响作用。

基于以上逻辑，本研究提出如下假设：

假设 H6a：咨询合作正向调节创意新颖性与管理者认知之间的倒 U 型关系，即在较高的咨询合作程度下，创意新颖性与管理者认知的倒 U 型关系更加陡峭；而在较低的咨询合作程度下，创意新颖性与管理者认知的倒 U 型关系更加平缓。

假设 H6b：咨询合作正向调节创意新颖性与创意采纳之间的倒 U 型关系，即在较高的咨询合作程度下，创意新颖性与创意采纳的倒 U 型关系更加陡峭；而在较低的咨询合作程度下，创意新颖性与创意采纳的倒 U 型关系更加平缓。

（三）倡导行为：鼓舞感召

鼓舞感召指的是或明确地引用目标的价值和理想，或努力激起人的情绪以获得请求或提议的同意。员工或其团队通过表达对创意项目成功的信心和热情，建立拥护创意项目的组内联盟或非正式团体，坚持不懈地宣传和吸引合适的人参与到宣传创意小组当中，为项目积累关注度和影响力亦十分重要。

此时，努力使推动创意发展和实施成为员工和组织的共同愿景是关键，也是创意实现产品化和商业化的基础和前提。共同愿景被定义为对一个高层次目标具备何种价值的共同理解。它能促进高度承诺和信息共享，并加强帮助行为（Kannan and Lawrence，2017）。此外，它能增加主人翁意识、目标感和责任感，从而增强共同努力的动力，最终形成一个更有效的集体生产过程。共同的愿景和理解有助于克服解释性问题，创造共同语言，在此基础上，管理者和其他员工能更好地理解创意想法，并充分利用它的创造性潜力，增加资源投入以增强其商业化的进程和力度。

鼓舞感召的方式多种多样，可以是正式的活动（如正式宣讲会、主题报告等），也可以是非正式的活动（如路边宣传栏、茶歇、网络标语等），其根本目的是调动大家对创意项目的关注度，吸引并获得大家的认可和支持。在竞争性认知方面，鼓舞感召的内容更多是从组织愿景和价值观出发，强调和突出创意项目对于实现组织和个人价值的重要性，建立与听众的情感联系，打动听众并获得支持。此时鼓舞感召对管理者的作用并不是直接的影响，而是通过受众的支持和拥戴，使管理者感知创意项目与组织内部其他项目相比，更具支持度和认可度。在可行性认知方面，在鼓舞感召的过程中，员工或项目团队会就创意能达成怎样的效果和实现怎样的愿景，提供明确的介绍和描述。对执行创意过程中，员工能获得何种提升以及组织能获得何种竞争优势，做详细和深入的讲解。个人职业发展与组织荣誉相互交融，强化了创意、个人和组织三者之间的共荣关系。如施乐公司当年创建个人计算机的员工团队，他们尝试了多种渠道倡导这一创意想法，其中一种是在宣讲会或日常休息时间里帮助内部成员了解个人计算机的操作方式，开展相关的培训课程，帮助同事了解和学习计算机基本操作并派发宣传单。这一举措帮助更多的同事体验到个人计算机的便利感和高效性，得到了更多的支持和认可（Vinokurova and Kapoor，2020）。从创意过程的整体上看，调动组织员工和管理者形成对创意项目的共同愿景，对于提高创意采纳率有积极的影响作用。

基于以上逻辑，本研究提出如下假设：

假设 H7a：鼓舞感召正向调节创意新颖性与管理者认知之间的倒 U 型关系，

即在较高的鼓舞力度下，创意新颖性与管理者认知的倒 U 型关系更加陡峭；而在较低的鼓舞力度下，创意新颖性与管理者认知的倒 U 型关系更加平缓。

假设 H7b：鼓舞感召正向调节创意新颖性与创意采纳之间的倒 U 型关系，即在较高的鼓舞力度下，创意新颖性与创意采纳的倒 U 型关系更加陡峭；而在较低的鼓舞力度下，创意新颖性与创意采纳的倒 U 型关系更加平缓。

（四）倡导行为：寻求协作

寻求协作指的是员工主动告知高层管理者创意推进过程中可能遇到的困难、所需资源和帮助，以提高管理者对创意进程的感知和掌控力。具体而言，员工或项目团队会告诉管理者新想法可能面临的困难，告诉他们实施新想法需要的资源和支持，同时还会向管理者展示完成新想法所需的步骤。在向管理者寻求协作的过程中，员工实际上是将创意项目的发展阶段和执行步骤、各阶段所需要的资源以及可能存在的困难和阻力告诉管理者，让管理者提前了解实施项目可能遇到的难点和危机，提高他们对创意项目整体的掌控力，降低他们对不确定性的不安和规避态度。

基于 POLR 理论（path-of-least-resistance theory），学者们指出，组织作为由多个个体组成的团体，在决策的时候会倾向于利用最便捷、简单和容易操作的方法来处理问题。组织在进行创意筛选时，最有可能从哪些方面考核员工创意呢？在研究创意新颖性与创意筛选决策关系过程中，创意可行性是组织用来衡量是否采纳创意的最便捷方法，其中，创意可行性包括了创意的技术能力是否与组织现有技术一致或相似，以及组织的经济能力是否能支撑这一创意的发展[①]。为了能全面地探索影响组织创意筛选的因素，找到决策者在创意筛选过程当中的逻辑思路，本研究对现有相关文献进行了梳理（如表 4–1 所示）。

---

① Chan K.W., Li S.Y., Zhu J.J.. Good to be novel? Understanding how idea feasibility affects idea adoption decision making in crowdsourcing[J]. *Journal of Interactive Marketing*, 2018（43）: 52—68.

表 4-1 影响组织创意筛选的因素

作者（年份）	影响创意筛选的因素
Day,G.S.(2007)	技术可得性、资源可得性
Ferioli et al.（2010）	技术可行性、战略一致性
Rietzschel et al.（2010）	技术可行性、经济可行性、人才可获得性
Baer（2012）	企业内部结构、技术资源、财务资源
Gabriel et al.（2015）	技术能力、组织能力、战略一致性
Correa and De Moura Ferreira Danilevicz (2015)	战略一致性、财务资源、技术、资源可行性
Kannan-Narasimhan，Lawrence（2017）	技术可行性、市场可行性、战略匹配度
Chan,K.W 等（2018）	技术能力、经济能力

资料来源：作者整理所得。

　　本研究发现，组织最有可能从以下三个方面考核员工创意：技术和市场可行性、资源可得性（如人才、资源）以及与企业战略的匹配度。对于新颖性程度较高的创意项目，无论是在技术和市场可行性，还是在资源可得性与战略匹配度上都是远远低于新颖性程度低的创意项目。为简化决策过程以及降低风险，管理者往往会作出拒绝创意的决策。寻求协作的倡导行为能够通过让管理者提前了解实施项目可能遇到的难点和危机，提高他们对风险不确定性的掌控力，避免管理者高估实施创意的难度。

　　基于以上逻辑，本研究提出如下假设：

　　假设 H8a：寻求协作正向调节创意新颖性与管理者认知之间的倒 U 型关系，即在较高的寻求协作程度下，创意新颖性与管理者认知的倒 U 型关系更加陡峭；而在较低的寻求协作程度下，创意新颖性与管理者认知的倒 U 型关系更加平缓。

　　假设 H8b：寻求协作正向调节创意新颖性与创意采纳之间的倒 U 型关系，即在较高的寻求协作程度下，创意新颖性与创意采纳的倒 U 型关系更加陡峭；

而在较低的寻求协作程度下，创意新颖性与创意采纳的倒 U 型关系更加平缓。

六、本章小结

本章在第三章探索性案例研究得出的三项重要命题的基础上，结合现有相关文献研究和创新创业的时代背景，对创意新颖性与创意采纳的影响机理进行了更为深入的逻辑推演和理论分析。

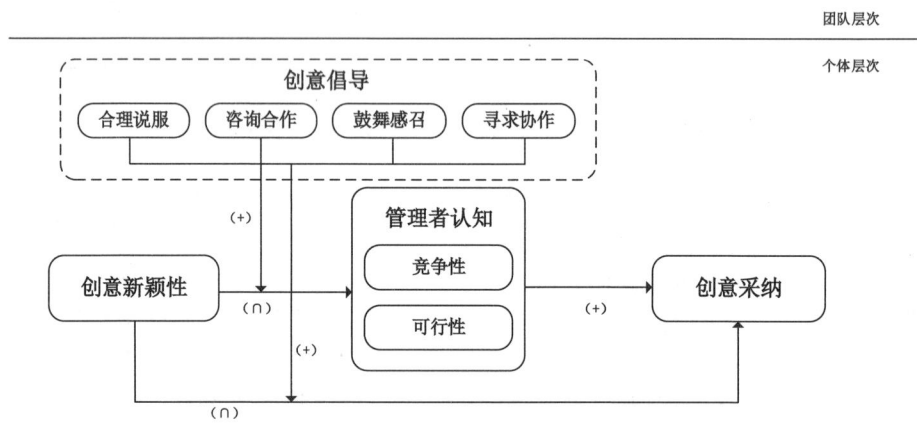

图4-2　创意新颖性、管理者认知对创意采纳的影响研究框架

（跨层次1-1-1模型）

（1）新颖性并非多多益善，新颖性过高或过低都可能导致较低的采纳意愿。新颖性程度高一方面意味着创意的创造性强和竞争性潜力大；另一方面意味着可行性差和可操作性低。管理者渴求新颖性程度高的创意想法，希望这些想法能为组织带来更好的竞争力和获利空间，但同时，管理者基于主导逻辑和路径依赖，对于不确定性较大的项目容易采取规避态度。因此，新颖性过高的项目其采纳可能性很低。

（2）管理者认知创意价值主要从两个相互矛盾的维度出发，分别是竞争性和可行性。两个维度所形成的对抗机制构成了管理者认知创意价值的核心路径。新颖性程度较低时，可行性高竞争性低，两者交叉效应的值总体较低，新颖性程度较高时，可行性低竞争性高，两者交叉效应的值总体也较低。只有当可行性和竞争性相对较高且处于平衡状态时，两者呈现出双较高状态，交叉效应值达到最高，采纳可能性最大。

（3）创意倡导能有效帮助管理者识别高新颖度创意的价值，进而提高其对创意的评价。在新颖性对管理者认知的影响路径上，创意倡导起重要影响作用，其关键作用在于可以提升管理者对创意潜在价值的认知和理解。在管理者认知对采纳影响的路径上，创意倡导也起着重要作用。管理者基于主导逻辑，容易关注与组织战略方向一致或与当前主营业务一致的想法，容易忽略能带给组织潜在竞争力的优质项目。此时，创意倡导可以通过构建创意与现有战略业务的共同点和增益价值，以提高管理者采纳创意的意愿。

第五章　研究方法与研究设计

为了更深入地探讨创意新颖性、管理者认知、创意倡导对创意采纳的作用机理，本章在文献综述、探索性案例研究、理论框架和假设提出的基础上，进行了大规模实证调研的正式准备。首先，对接下来可能涉及和运用的研究方法进行简单介绍；其次，对关键变量的测度量表进行小样本调查，采用纠正题项的总相关系数 CITC 分析、Cronbach's α 信度系数分析，探索性因子分析等方法检验问卷初稿的可靠性和有效性，为形成调查问卷正式稿奠定基础。

一、研究方法

（一）问卷调查法

本研究关注员工创意新颖性对创意采纳的影响，由于其中所涉及的员工创意内容、决策过程和采纳结果等信息无法通过公开资料获得，因此需要采用现场研究和问卷调查的方式进行数据收集和整理工作。首先，我们在借鉴已有成熟量表的基础上，结合创新创业背景下中国企业创新活动的新特点和新要求，在与相关企业及调研团队进行实地访谈并结合领域专家意见后，经多轮的交流和修订后，明确了各个变量的初始量表和具体题项。其次，通过小样本调查，采用纠正题项的总相关系数 CITC 分析、Cronbach's α 信度系数分析，探索性因子分析等方法检验问卷初稿的可靠性和有效性。最后，在小样本数据检验的基础上，对问卷的措辞、排列顺序、题项内容等进行修订，得到最终的调查问卷。

（二）基于SEM的有调节的中介模型

有调节的中介模型指的是自变量 X 通过中介变量 M 对因变量 Y 产生影响，而中介过程（X–M–Y）受到调节变量 Z 的调节。目前，大多有调节的中介效应检验方法都是基于显变量的多元线性回归分析[①]，忽略了测量误差。建立结构方程模型，（SEM structural equation model）进行有调节的中介效应分析的核心优势体现在设置潜变量和有效控制测量误差。有调节的中介模型有 8 种变体，根据本研究的理论模型和研究假设，适用调节了中介过程前半路径和直接路径的模型，理论模型如图 5–1 所示。

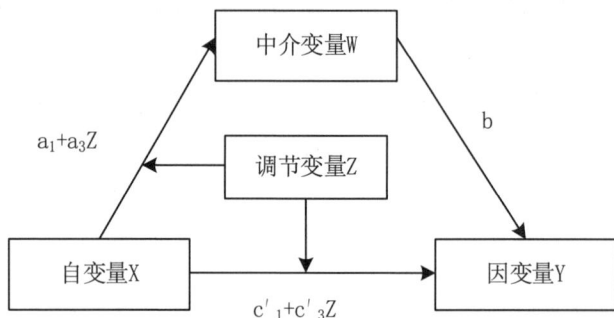

图5-1　调节中介过程前半路径和直接路径的模型

由于创意新颖性、管理者认知与创意采纳的影响关系属于非线性关系，对于非线性关系的中介作用，与普通的线性关系有显著的不同。根据罗胜强、姜嬿（2014）的研究结果，要证明 X–M 有倒 U 型关系，同时，M 中介了 X 与 Y 的关系，需要如下两个条件。

条件一：$M=a0+a1X+a2X2$ 中的 a2 不等于 0，而且是一个负数。

条件二：$(a1+2a2X)$ b1 不等于 0。

其中，第一个条件证明 X–M 是倒 U 型关系，第二个条件证明 M 中介了 X–Y 的关系。

① 温忠麟, 叶宝娟 . 中介效应分析：方法和模型发展 [J]. 心理科学进展, 2014, 22(5): 731–745.

同时,HAANS 在其研究中细化了相关的证明步骤[①]。本研究综合两者的检验方法,采用三个步骤来具体验证:步骤一,检验自变量二次项回归系数为负且显著;步骤二,当自变量取较低值时,斜率为正数,而取较高值时,斜率为负数;步骤三,曲线的拐点落在自变量的取值和范围之内。

(三)多水平中介效应分析

阶层线性模型(HLM,hierarchical linear model)主要用于传统统计方法无法解决的多层嵌套数据的处理。本研究所关注的员工与管理者、员工与公司就属于嵌套关系,即员工的行为会受到管理者和组织的影响,不同团队的管理者对其员工的评价会有差异,因此,员工—管理者所填写的调查问卷结果可能存在一定程度的群组效应,使得个体独立性的假设不成立。由于个体间随机误差独立性假设难以满足,传统的回归分析方法无法使用,本研究采用多水平中介效应分析来解决相关问题。多水平的中介效应模型以 X、Y、M 所处层级的差异为基础,从理论上可以分为八种类型,具体分类和特征见表5-1。

表5-1 多水平中介模型的八种类型

模型记号	X 变量	M 变量	Y 变量
2-2-2	位于第二水平	位于第二水平	位于第二水平
2-2-1	位于第二水平	位于第二水平	位于第一水平
2-1-2	位于第二水平	位于第一水平	位于第二水平
2-1-1	位于第二水平	位于第一水平	位于第一水平
1-2-2	位于第一水平	位于第二水平	位于第二水平
1-2-1	位于第一水平	位于第二水平	位于第一水平
1-1-2	位于第一水平	位于第一水平	位于第二水平
1-1-1	位于第一水平	位于第一水平	位于第一水平

资料来源:温忠麟,刘红云.中介效应和调节效应方法及应用[M].北京:教育科学出版社.2020:317.

[①] Haans R, Pieters C, He Z.L.. Thinking about U: Theorizing and testing U- and inverted U-shaped relationships in strategy research[J]. *Strategic Management Journal*, 2016,37(7):1177—1195.

根据本研究的内容，创意新颖性是由员工自评得出，是员工个体对创意创造力水平的评价；管理者认知是管理者对每一位员工近期提出来的创意内容进行评价，针对的也是个体的创意内容；创意采纳是管理者对自身采纳意愿的评价，也是个体评价要素；创意倡导是员工对自己是否采取各种主动性行为和影响策略来说服管理者的自评，也属于个体评价内容。因此，所有主变量皆属于层一变量，但由于存在群体效应，所以需要运用跨层次 1–1–1 中介效应模型来提高研究的准确性。

二、变量测度

根据本研究的理论模型和研究假设，需要测量的核心变量具体包括：创意新颖性、管理者认知（竞争性认知和可行性认知）、创意倡导和创意采纳。除此以外，还有控制变量，包括创新氛围，管理者的性别、年龄、教育程度、组织任职年限及其与员工关系的紧密程度。由于上述变量难以通过定量化或二手数据获得，故而选用 Likert 七点量表的主观评分法进行评价和打分，数字 1–7 分别表示从"非常不同意"到"非常同意"7 个等级。

（一）创意新颖性的测量题项

现有研究对创意产生的界定和衡量有三种不同的方法：一是以创意数量的多少代表创意产生（创意数量）；二是以产生创意的员工个体创造力大小测度创意产生（个体创造力水平）；三是以新颖性和有用性的综合指标测度创意产生（创意质量）。本研究认为，创意新颖性是影响和决定创意创造力水平和质量的关键要素，单纯观察和测度有用性或有用性和新颖性的综合性指标无法深度挖掘和剖析影响管理者采纳决策的核心障碍。因此，借鉴并参考 Shuye Lu（2019）、Baer（2012）和张巍等（2015）学者对创意新颖性的界定，在他们的研究基础上，本研究结合中国情景和研究目的对量表进行了修饰和调整，最终测度量表如表 5–2 所示。

表 5-2　创意新颖性测度量表

潜变量	题　目	非常不同意——非常同意						
新颖性	创意是原创性的	1	2	3	4	5	6	7
	创意能为组织解决问题提供新方法	1	2	3	4	5	6	7
	创意对组织而言是一大突破	1	2	3	4	5	6	7

（二）管理者认知的测量题项

综合借鉴机会识别理论、战略过程理论以及服务创新理论中对管理者或顾客如何评价创意项目的内容，本研究认为，管理者认知指的是管理者对员工创意项目质量的知觉和判断，包含管理者对创意项目的竞争性认知和可行性认知。其中，竞争性认知参考 Salunke 等（2019）对内外竞争优势的测度量表；对外可行性认知参考 Baron（2004）对项目进入市场的可行性进行测度，对内可行性参考 Dailey 和 Mumford（2006）提出的创意内部评估指标。同时，结合专家意见和访谈资料，最终对竞争性认知和可行性认知的测度分别设置 6个题项，采用 Likert7 级量表形式，具体测量题项如表 5-3 所示。

表 5-3　管理者认知测度量表

潜变量	题　目	非常不同意——非常同意						
竞争性（对外）	创意项目能帮助组织获得更为优越的市场地位	1	2	3	4	5	6	7
	创意项目所带来的优势使竞争对手无法轻易匹敌	1	2	3	4	5	6	7
	创意项目获得的成果是组织进一步发展的基石	1	2	3	4	5	6	7
	创意项目能帮助组织获得持久的利润	1	2	3	4	5	6	7
竞争性（对内）	创意项目对解决组织问题很有帮助	1	2	3	4	5	6	7
	创意项目能帮助组织获得较高的收益回报	1	2	3	4	5	6	7
可行性（对外）	团队提出的创意具备市场价值，我们能找到实施创意的潜在市场或目标客户	1	2	3	4	5	6	7
	创意项目产生的产品或服务能够被社会所接受	1	2	3	4	5	6	7
	创意项目具有独特性，不易被其他竞争对手模仿	1	2	3	4	5	6	7

续　表

潜变量	题　目	非常不同意——非常同意						
可行性 （对内）	创意项目容易被组织成员接受和认可	1	2	3	4	5	6	7
	创意项目对现有流程没有干扰，组织不需要做过多的调整	1	2	3	4	5	6	7
	我们能提供实施创意所需要的各种资源	1	2	3	4	5	6	7

（三）创意采纳的测量题项

采纳决策则主要表现在管理者是否允许创意进一步开发及其对创意开发的支持程度。本研究借鉴 Burris（2012）研究中对管理者个人对创意的采纳态度量表，同时参考 Fast（2014）研究中对高层管理者如何基于组织价值和战略来筛选创意项目的测度量表，形成了本研究情境下的创意采纳测度题项，共 5 条（如表 5-4 所示）。

表 5-4　创意采纳测度量表

潜变量	题　目	非常不同意——非常同意						
创意 采纳	我们同意并认可创意在组织中实施	1	2	3	4	5	6	7
	我们愿意为下一步实施创意提供支持	1	2	3	4	5	6	7
	我们愿意修改已有议程，将创意项目加进去	1	2	3	4	5	6	7
	创意使我们重新考虑组织的战略方向	1	2	3	4	5	6	7
	我们认为创意对组织而言是有价值的	1	2	3	4	5	6	7

（四）创意倡导的测量题项

基于向上影响策略理论，员工影响和说服管理者采纳其建议或意见最为常用和有效的四种策略是理性说服、鼓舞人心、咨询和寻求协作（Yukl，2008，2010）。本研究沿用这一分类标准，同时参考议题销售模型的内容加以补充和完善，以 Yukl（2008）、Lee（2017）以及 Shuye Lu（2019）等研究中对上述四种策略的测度量表为基础，结合中国情景和企业现实情境，最终分别设置 4 个维度共 15 个题项（如表 5-5 所示），采用 Likert7 级量表形式来测度创意倡导。

表 5-5 创意倡导测度量表

潜变量	题 目	非常不同意——非常同意						
合理说服	我们会提供详细的报告证明创意是可行的（例如运用数字和图表等方式）	1	2	3	4	5	6	7
	在汇报时，我们会将创意与组织成果联系（如与提高组织盈利能力、市场份额、组织形象或声誉联系起来）	1	2	3	4	5	6	7
	在汇报时，我们会提供推广创意有可能成功的证据（例如开发一个原型或其他样本证明该想法的价值）	1	2	3	4	5	6	7
	我们会用事实和逻辑说服对项目存在疑惑或反对意见的参与者	1	2	3	4	5	6	7
	我们会进行试点或模拟，以展示该想法是如何运作的	1	2	3	4	5	6	7
咨询合作	我们会努力让高层管理者参与进来，以获得认可和支持	1	2	3	4	5	6	7
	我们会向同事推销自己的新想法，以获得支持和协助	1	2	3	4	5	6	7
	我们会让第三方专业机构参与进来，以获得资源和经验	1	2	3	4	5	6	7
	我们会咨询管理者他们对创意的任何担忧和看法	1	2	3	4	5	6	7
鼓舞感召	在宣传创意时，我们会为创意能达成怎样的效果和实现怎样的愿景提供明确的介绍和描述	1	2	3	4	5	6	7
	在谈论创意时，我们将创意与理想和价值观联系起来	1	2	3	4	5	6	7
	我们会做有关创意的鼓舞人心的演讲，以激发大家对推动和实施创意的热情	1	2	3	4	5	6	7
寻求支持	告诉管理者新想法可能面临的困难	1	2	3	4	5	6	7
	告诉管理者实施新想法需要哪些资源	1	2	3	4	5	6	7
	向管理者展示完成新想法所需的步骤	1	2	3	4	5	6	7

（五）控制变量

控制变量指的是除自变量以外会对因变量有影响作用或使因变量发生变化的因素，若此类变量不加以排除和控制，很可能会对自变量与因变量之间的关系产生干扰，使研究结果产生偏差甚至错误（Pedhazur and Schmelkin，1991）。参考以往创新行为的相关研究，本研究选择人口统计学变量，即将管理者的性别、教育程度、年龄、组织任职年限及其与员工关系的紧密程度作为控制变量。由于本研究涉及个人—团队的跨层次研究，因此，借鉴已有关于团队的研究，将团队创新氛围作为控制变量。

三、小样本测试

本研究的大部分量表是基于国外成熟量表，在综合不同研究相关内容的基础上修改形成的，为防止由于国家情景以及研究情景带来的区别和不良影响，故进行小样本测试以保证测量工具在大规模正式调研时的可信度和有效性。

（一）小样本预测试方法

预测试是最终问卷派发前的重要步骤，目的是通过对初始问卷进行信度和效度检验，对问卷条款进行分析、筛选和净化，根据结果进行题项的删除和修订，保证最终问卷的合理性和填答质量。在实证研究中，问卷题项质量的测度主要通过"信度检验"和"效度检验"两步完成（李怀祖，2004）。

1. 信度检验：CITC 和 Cronbach's α 信度系数

信度是指检测结果的一致性、稳定性及可靠性。具体而言，是指采取同样的方法对同一对象进行重复检测时，其所得到结果的一致性程度，代表的是测量数据的可靠程度。由于本研究中部分变量的测度量表是综合不同研究者的相关量表设计而成的，可能会出现"垃圾测量条款"或"部分测量条款"的情况，影响最终问卷的内部一致性（Churchill，1979），因此，本研究首先采用修正条款的总相关系数法（Corrected-Item Total Correction，CITC）和 Cronbach's α 信度系数法来剔除这些可能存在问题的题项。具体而言，当

CITC 应大于 0.35，小于该值表示题项与其余题项的相关为低度关系，应该予以删除（李怀祖，2004）。信度估计，多采用李克特量表的 Cronbach's α 系数，一般而言，Cronbach's α 系数值小于 0.35 为低信度，高于 0.7 是高信度，处于 0.35 和 0.7 之间是信度尚可（马国庆，2002）。

2. 效度检验：探索性因子分析

效度是指测量工具或手段能够准确测量出研究对象表现出来的与考察内容一致的心理或行为特质的程度，测量结果与考察内容越吻合，效度越高，反之，效度越低。效度可以分为内容效度和建构效度两种。内容效度指问卷内容或题项必须依照相关的理论框架，测度指标具备代表性并涵盖研究范围，常以题项分布是否合理作为判断标准（陈晓萍，徐淑英和樊景立，2008）。由于本研究的问卷题项，皆来自成熟量表，经专家和企业实践者考核并修订完善，故其内容效度水平较高。

建构效度主要用以测量问卷题项是否会在多个因子上都有较高负荷的问题，需要对题项进行探索性因子分析（Exploratory Factor Analysis，EFA）。为进行探索性因子分析，首先要对题项进行 KMO（Kaiser-Meyer-Olkin）值和巴特莱特球体检验（Bartlett Test of Sphericity），以判断其适用性。当 KMO<0.5 时，非常不适合做因素分析；当 0.5<KMO<0.6 时，不适合做因素分析；当 0.6<KMO<0.7 时，勉强适合；当 0.7<KMO<0.8 时，尚可做因素分析；当 0.8<KMO<0.9 时，适合做因素分析；当 KMO>0.9 时，表示非常适合做因素分析。鉴于此，本研究对 KMO 值在 0.7 以上的量表进行探索性因子分析，在探索性因子分析中，删除因子载荷小于 0.5 或者跨因子载荷超过 0.5 的题项，所有公因子的累积方差解释率要求不低于 50%。同时，Bartlett 检验统计值达到显著水平，符合要求。

（二）小样本预测试结果

在形成正式问卷之前，本研究通过小样本预测试的方法对问卷进行检验，进而确保大样本问卷量表的可信度和有效性。在预测试阶段，著者共在广州地区发放问卷 80 份，回收 76 份，最终形成 69 份有效问卷，有效问卷回收率为 86.25%。根据以往经验，预测试样本量需为变量的 5 ~ 10 倍，本研究探索的变量数量为 5 个，因此，69 份样本已满足要求。

1. 创意新颖性量表的信度和效度检验

根据预测试分析的程序与标准，著者使用 CITC 和信度分析法，对创意新颖性变量的量表进行条款净化，具体结果见表 5-6。从信度检验结果来看，各个题项的初始 CICT 系数均大于 0.35，Cronbach's α 系数大于 0.7，并且删除题项后的 α 值相对会变小，表明创意新颖性量表的各题项之间具有较好的内部一致性，不需要删除相关题项。

表 5-6　创意新颖性量表的信度检验结果

变　　量	编　　号	均　　值	标准差	CITC	项已删除的 Cronbach's α 系数	Cronbach's α 系数
创意新颖性	CC1	5.04	1.311	0.698	0.768	0.832
	CC2	5.51	1.038	0.684	0.786	
	CC3	4.91	1.234	0.713	0.745	

在信度检验的基础上，进一步对创意新颖性量表的 3 个题项进行探索性因子分析（如表 5-7）。从探索性因子的检验结果来看，创意新颖性量表的 KMO 值等于 0.725，此外，Bartlett 的球形度检验的近似卡方分布为 77.940，自由度为 3，显著性概率值 p=0.000，达到显著水平，说明适合进行因子分析。运用主成分分析方法提取公因子 1 个，经正交旋转，各个测量题项的因子载荷均大于 0.5 的标准，可保留所有题项。创意新颖性量表累积可解释 75.353% 的变异量，说明创意新颖性量表具有较好的建构效度。

表 5-7　创意新颖性的探索性因子分析结果

测量题项	因　子
CC1	0.867
CC2	0.860
CC3	0.877

测量题项	因　子	
取样足够度的 KMO 度量	0.725	
Bartlett 的球形度检验	近似卡方	77.940
	df	3
	Sig.	0.000
累积可解释的方差比例（%）	75.353	

2. 管理者认知量表的信度和效度检验

管理者认知量表中，"竞争性"所有题项的初始 Cronbach's α 值均大于 0.7 的信度标准，其中，"竞争性"所有题项的 Cronbach's α 值为 0.862，"可行性"所有题项的 Cronbach's α 值为 0.894。观察各题项的 CITC 值，则有需要进行调整的内容，"竞争性"中的 JZ5（CITC=0.454）和 JZ6（CITC=0.460），以及"可行性"中的 KX4（CITC=0.493）值皆小于 0.5 的标准，考虑删除题项，且删除题项后量表剩余题项的 CITC 值都会相应提升且大于 0.5。调整后的量表 Cronbach's α 值分别为 0.942 和 0.933，表明各题项之间具有较好的内部一致性（如表 5-8）。

表 5-8　管理者认知的信度检验结果

变量	编号	均值	标准差	CITC		项已删除的 Cronbach's α 系数		Cronbach's α 系数
				初始	最终	初始	最终	
竞争性	JZ1	5.000	1.0572	0.836	0.849	0.807	0.928	调整前 0.862 调整后 0.942
	JZ2	4.754	1.0489	0.762	0.845	0.821	0.930	
	JZ3	4.768	1.0730	0.777	0.885	0.817	0.917	
	JZ4	4.783	1.0127	0.733	0.868	0.827	0.923	
	JZ5	5.406	1.1672	0.454	删除	0.876	删除	
	JZ6	4.667	1.0471	0.460	删除	0.880	删除	

续　表

变量	编号	均值	标准差	CITC		项已删除的 Cronbach's α 系数		Cronbach's α 系数
				初始	最终	初始	最终	
可行性	KX1	5.130	1.0560	0.826	0.818	0.886	0.918	调整前 0.912 调整后 0.933
	KX2	5.116	1.0646	0.894	0.910	0.877	0.901	
	KX3	4.957	1.1303	0.818	0.815	0.887	0.918	
	KX4	4.942	1.1617	0.493	删除	0.933	删除	
	KX5	4.971	1.2244	0.811	0.829	0.888	0.917	
	KX6	5.232	1.0866	0.717	0.747	0.901	0.931	

在信度检验的基础上，进一步对调整后的管理者认知量表的 9 个题项进行探索性因子分析（如表 5-9）。从探索性因子的检验结果来看，管理者认知量表的 KMO 值等于 0.830，此外，Bartlett 的球形度检验的近似卡方分布为 585.197，自由度为 36，显著性概率值 p=0.000，达到显著水平，说明适合进行因子分析。运用主成分分析方法提取公因子 2 个，经正交旋转，各个测量题项的因子载荷均大于 0.5 的标准，可保留所有测量题项。两个公共因子的累计方差解释比例为 82.052%，超过 50% 的标准，说明管理者认知量表具有较好的建构效度。

表 5-9　管理者认知的探索性因子分析结果

测量题项	因子 1	因子 2
JZ1	0.882	
JZ2	0.913	
JZ3	0.911	
JZ4	0.900	
KX1		0.875
KX2		0.918

测量题项	因子1	因子2
KX3		0.850
KX4		0.870
KX5		0.829
取样足够度的 KMO 度量	0.830	
Bartlett 的球形度检验	近似卡方	585.197
	df	36
	Sig.	0.000
累计可解释的方差比例（%）	58.323	82.052

3. 创意采纳量表的信度和效度检验

从信度检验结果来看，各个题项的初始 CICT 系数均大于 0.35，Cronbach's α 系数 0.857，大于 0.7 的信度标准，并且删除题项后的 α 值相对会变小，表明创意采纳量表的各题项之间具有较好的内部一致性，不需要删除相关题项。

表 5-10 创意采纳量表的信度检验结果

变量	编号	均值	标准差	CITC	项已删除的 Cronbach's α 系数	Cronbach's α 系数
创意采纳	CC1	5.36	0.923	0.850	0.780	0.857
	CC2	5.49	0.918	0.721	0.815	
	CC3	5.26	0.934	0.678	0.825	
	CC4	5.25	0.847	0.598	0.845	
	CC5	5.39	1.060	0.545	0.865	

在信度检验的基础上，进一步对创意采纳量表的 5 个题项进行探索性因子分析（如表 5-11）。从探索性因子的检验结果来看，创意采纳量表的 KMO 值等于 0.740，此外，Bartlett 的球形度检验的近似卡方分布为 189.737，自由

度为 10，显著性概率值 p=0.000，达到显著水平，说明适合进行因子分析。运用主成分分析方法提取公因子 1 个，经正交旋转，各个测量题项的因子载荷均大于 0.5 的标准，可保留所有测量题项。创意采纳量表累计可解释 64.723% 的变异量，说明量表具有较好的建构效度。

表 5-11　创意采纳的探索性因子分析结果

测量题项	因　子	
CC1	0.918	
CC2	0.852	
CC3	0.816	
CC4	0.727	
CC5	0.689	
取样足够度的 KMO 度量	0.740	
Bartlett 的球形度检验	近似卡方	189.737
	df	10
	Sig.	0.000
可解释的方差比例（%）	64.723	

4. 创意倡导量表的信度和效度检验

创意倡导量表中，"合理说服"所有题项的初始 CICT 系数均大于 0.35，Cronbach's α 值为 0.902，大于 0.7 的信度标准；"咨询合作"所有题项的初始 CICT 系数均大于 0.35，Cronbach's α 值为 0.892，大于 0.7 的信度标准；"鼓舞感召"所有题项的初始 CICT 系数均大于 0.35，Cronbach's α 值为 0.883，大于 0.7 的信度标准；"寻求协作"所有题项的初始 CICT 系数均大于 0.35，Cronbach's α 值为 0.857，大于 0.7 的信度标准，并且删除题项后的 α 值相对会变小，表明量表的各题项之间具有较好的内部一致性，不需要删除相关题项。

表 5-12　创意倡导的信度检验结果

变　量	编　号	均　值	标准差	CITC	项已删除的 Cronbach's α 系数	Cronbach's α 系数
合理说服	SF1	5.449	1.1185	0.831	0.902	0.924
	SF2	5.377	1.1894	0.803	0.907	
	SF3	5.420	1.1168	0.845	0.899	
	SF4	5.391	1.1785	0.779	0.911	
	SF5	5.362	1.2123	0.758	0.916	
咨询合作	HZ1	5.043	1.4291	0.793	0.850	0.892
	HZ2	5.101	1.3077	0.816	0.843	
	HZ3	4.826	1.4848	0.765	0.862	
	HZ4	5.377	1.3184	0.685	0.889	
鼓舞感召	GW1	5.420	1.1168	0.813	0.812	0.887
	GW2	5.362	1.1372	0.808	0.816	
	XZ1	4.986	0.9314	0.771	0.856	
寻求协作	XZ2	5.159	0.9175	0.835	0.802	0.890
	XZ3	4.884	1.0079	0.755	0.875	

在信度检验的基础上，进一步对创意倡导量表的 15 个题项进行探索性因子分析（如表 5-13）。从探索性因子的检验结果来看，管理者认知量表的 KMO 值等于 0.815，此外，Bartlett 的球形度检验的近似卡方分布为 745.569，自由度为 105，显著性概率值 p=0.000，达到显著水平，说明适合进行因子分析。运用主成分分析方法提取公因子 4 个，经正交旋转，各个测量题项的因子载荷均大于 0.5 的标准，可保留所有测量题项。四个公共因子的累计方差解释比例为 80.133%，超过 50% 的标准，说明创意倡导量表具有较好的建构效度。

表 5-13　创意倡导的探索性因子分析结果

测量题项	因子 1	因子 2	因子 3	因子 4
SF1	0.877			
SF2	0.863			
SF3	0.877			
SF4	0.801			
SF5	0.700			
HZ1		0.869		
HZ2		0.866		
HZ3		0.803		
HZ4		0.705		
GW1			0.871	
GW2			0.907	
GW3			0.801	
XZ1				0.896
XZ2				0.940
XZ3				0.874
取样足够度的 KMO 度量	0.815			
Bartlett 的球形度检验	近似卡方 df Sig.		745.569 105 0.000	
累计可解释的方差 比例（%）	40.408	57.640	69.823	80.133

四、本章小结

本章主要介绍了研究选用的方法以及整体问卷设计的过程，包括变量的测度和小样本测试。在研究方法方面，根据初步构建的理论模型和研究假设，选取最为合适的实证研究方法，即运用问卷调查法，通过构建跨层次 SEM 模型来探索创意新颖性、管理者认知、创意倡导与创意采纳之间的关系机理。在问卷设计方面，通过大量文献研究、征询专家意见、企业访谈等方式获得初始量表，并通过 20 个项目团队的小样本调查检验问卷初稿的有效性和可靠性。根据信度分析的标准要求，剔除相关度较低的测量条款，再通过主成分因子分析检验条款分布和因子显著性，最终得到最为合适的调查问卷。其中，创意新颖性的题项有 3 个，管理者认知的题项有 9 个，创意倡导的题项有 15 个，创意采纳的题项有 5 个，测试结果为下一步的大规模数据收集和实证研究工作奠定了坚实的基础。

第六章　假设检验与结果讨论

在小样本测试的基础上，本研究的最终调查问卷已初步形成，在本章节中，我们会对最终问卷收集的数据进行说明、检验和关系验证。具体而言，首先，通过对大样本数据进行描述性统计分析，进一步对数据和指标的信度和效度进行检验；其次，在保证研究质量和数据有效性的基础上，对第四章提出的理论模型和研究假设进行实证研究和验证。最后，对相关结论进行归纳和总结。

一、数据收集与样本介绍

在第五章中，本研究采用预调研的方式，对整体量表的信度和效度进行了初步验证，结果显示整体量表具有较好的信度和效度，能够较好地测量和体现潜变量的特征和内容，满足实证研究的需要。根据预调研的结果，本研究形成正式调研问卷并实施了一系列的问卷派发、收集、筛选和整理工作。在此基础上，本章将通过大样本问卷调查的方式，获取更多可靠的数据并展开后续研究，即通过 SPSS21.0 软件对收集的大样本数据进行描述性统计分析、相关性分析，共同方法偏差分析。用 MPLUS8.0 软件对数据进行信度分析、效度分析、回归分析等方法进行实证研究，最后对相关结果进行分析、讨论和总结。

（一）样本来源和特征

本研究数据采集来自北京、广东、湖北等地，研究对象为企业研究团队中的管理者及其员工。正式调研过程始于 2020 年 12 月，结束于 2021 年 5 月，历时六个月。调研问卷通过三种方式发放：（1）从创新平台获取数据，如美云智数平台、中国知网的通信科技创新知识服务平台、轨道交通一体化智慧平台。（2）对"2020 中国创新榜样"十家入围企业中的金发科技股份有限公司进行实地调研和访谈，利用多次访谈机会，现场及邮件两种方式发放和回收调查问卷。（3）委托老师、同学、朋友发放纸质版问卷和电子版问卷链接。研究对象为企业研究团队中的管理者及其员工。为有效减小同源偏差等问题，本研究在派发调查问卷时，将问卷设置为 A、B 两套问卷，由员工填写问卷 A 的内容，具体包括创意新颖性、创意倡导和个体基本信息，由对应的管理者填写问卷 B 的内容，具体包括管理者认知、创意采纳和领导个人及团队基本信息。其中，员工问卷需要员工填写所选创意项目的标题，在收集员工数据后，问卷回收人员请对应的主管填写管理者问卷，管理者针对每一个员工各自所选的创意项目进行评价，由此达到一一匹配的设定。本次研究共回收 69 位团队领导和 321 位团队成员的问卷，问卷回收后按照编码进行匹配，剔除存在数据缺失、顺序性作答和遗漏作答等无效问卷后，最终配对 51 份领导和 267 份员工的有效问卷，有效问卷回收率为 83.178%。

表 6-1　问卷发放与回收情况

发放方式	发放数量（份）	回收数量（份）	回收率（%）	有效数量（份）
创新平台	100	79	79%	63
金发科技	100	87	87%	56
委托发放	200	155	77.5%	148
合　计	400	321	80.25%	267

　　进一步对受访员工和管理者的基本情况做简单的描述性统计（如表 6-2）。员工方面，本次调研共回收有效的员工问卷 267 份。其中，在员工个体特征方面，从性别上看，女性样本略多，有 145 人次，占 54.31%；从年龄上看，年龄在 31 ~ 40 岁的人数最多，21 ~ 30 岁的紧随其后，占比分别为 43.82%

和 37.45%，这部分员工群体富有创造性、精力充沛，是团队中的中坚力量；从受教育程度上看，本科学历占大多数，占比 59.93%，其次是硕士研究生学历，占 21.35%，可见目前创新团队多对高水平、专业化员工的吸纳和需求较强；从与管理者共事时长上看，1 ~ 5 年的最多，占 50.94%，其次是 6 ~ 10 年，占 22.47%，第三为 11 ~ 20 年，占 14.98，在受访的项目团队中，员工与管理者共事时长较多在 1 ~ 5 年或以上，长时间的合作和交流，更能体现员工和管理者互动过程中的规律性和特征，是挖掘员工和管理者互动的基础。从样本特征分布情况看，本研究所调研的样本比较符合研究需要，且具备较强的代表性，可以用于本研究的后续实证研究过程。

表 6-2　员工样本特征分布情况

变　量	类　别	人　数	比　例
性　别	男	122	45.69%
	女	145	54.31%
年　龄	20 岁及以下	2	0.75%
	21 ~ 30	100	37.45%
	31 ~ 40	117	43.82%
	41 ~ 50	42	15.73%
	51 岁及以上	6	2.25%
受教育程度	高中（中专）及以下	14	5.24%
	大专或高职	34	12.73%
	本科	160	59.93%
	硕士	57	21.35%
	博士及以上	2	0.75%
共事时长	1 年以下	29	10.86%
	1 ~ 5 年	136	50.94%
	6 ~ 10 年	60	22.47%

变　量	类　别	人　数	比　例
共事时长	11～20年	40	14.98%
	20年或以上	2	0.75%

管理者方面，本次调研共回收有效的管理者问卷51份，从性别上看，男性管理者占大多数，比重为62.75%；从年龄上看，31～40岁年龄段的管理者有26人，占50.98%，30岁以上的管理者占96.07%，可见30岁以上管理者群体有一定的工作经验，具有严谨的思维和较强的统筹能力，能更好地带领团队实现目标和任务；从受教育程度上看，本科学历较多，占58.82%，硕士次之，占29.41%，从访谈中得知，不少管理者都有通过在职读硕提高自身学历的经历，他们发现在管理工作中，除了需要掌握较强的专业化知识外，管理知识也是必需的，故而会选择攻读MBA等课程提高自身能力。从职位上看，本次调研更多收集的是一线和中层管理者所带领的项目团队，主要原因如下：(1)为减少研究中由于跨多层结构所带来的复合影响，本研究只关注员工到团队层面的问题，不考虑员工到组织层面这种跨三层的结构，因此，在数据收集过程中，更多选择组织结构更为扁平的公司发放问卷，尽量将研究层面过多所带来的影响降低。(2)从创新平台收集数据时，更多选择项目团队的基层员工及其直接领导者作为调研对象。

表6-3　管理者样本特征分布情况

变　量	类　别	人　数	比　例
性　别	男	32	62.75%
	女	19	37.25%
年　龄	20岁及以下	0	0.00%
	21～30	2	3.92%
	31～40	26	50.98%
	41～50	19	37.25%

续　表

变　量	类　别	人　数	比　例
	51 岁及以上	4	7.84%
	高中（中专）及以下	0	0.00%
受教育程度	大专或高职	5	9.80%
	本科	30	58.82%
	硕士	15	29.41%
	博士及以上	1	1.96%
	一线管理者	23	45.10%
职　位	中层管理者	20	39.22%
	高层管理者	6	11.76%
	其他职位	2	3.92%

（二）描述性统计与相关分析

各变量的均值、标准差、相关系数和显著性水平见表 6-4，所有数值未出现异常值。创意新颖性与创意采纳有负相关关系，可行性评价与创意采纳有正相关关系，创意新颖性与创意倡导有正相关关系，创新氛围与创意新颖性、可行性评价、采纳和倡导皆有相关关系，因此在后续的实证中会进行控制，上述的相关关系为下文的实证研究奠定了重要的基础。

表6-4 变量均值、标准差、变量间的相关系数（N=267）

变量	均值	方差	1	2	3	4	5	6	7	8	9	10	11	12
性别	0.370	0.483												
年龄	3.50	0.712	-0.035	1										
任职时长	3.21	0.657	0.191**	-0.246**	1									
受教育年限	1.75	0.810	0.019	0.203**	0.243**	1								
共事时长	2.45	0.926	-0.039	0.007	-0.015	0.032	1							
创新氛围	5.730	0.607	0.045	0.056	-0.058	0.073	0.047	1						
创意新颖性	4.814	0.744	-0.036	-0.048	-0.077	-0.052	0.106	0.305**	1					
竞争性认知	5.171	0.869	-0.085	-0.079	-0.007	0.09	0.057	0.190**	0.600**	1				
可行性认知	5.544	0.666	0.006	0.037	-0.021	0.044	0.124*	0.129*	-0.324**	0.322**	1			
管理者认知	5.378	0.440	0.070	0.038	-0.023	0.116	0.153*	0.059	0.254**	0.606**	0.558**	1		
创意采纳	5.718	0.651	0.031	-0.009	0.123*	-0.007	-0.095	0.019	0.293**	0.289**	0.009	0.246**	1	
创意倡导	5.475	0.5214	0.032	0.055	0.085	-0.084	-0.104	0.409**	0.227*	0.109	-0.172**	-0.050	0.128*	1

注：表中数据为标准化系数；***、**、*分别表示在1%、5%和10%水平上显著。

（三）共同方法偏差及处理

　　管理学领域的研究常采用感知数据测量变量，容易出现共同方法偏差，即由于同一个人回答一套问卷可能带来的同源偏差，造成自变量与因变量之间存在共变性。共同方法偏差可能导致研究结果因共变而产生混淆和扭曲，使研究结果真实性和准确性受损。参考并遵循偏差控制方法进行控制和检验[①]：首先，在问卷设计时，采用匿名填答、反向题设置、不显示潜变量名称并随机安排题目的排序、多次调整和修订以保证问卷题项的准确性和针对性；其次，按照 Harman 单因素检验方法，通过对全部变量进行探索性因素分析，发现未转轴时第一个因子解释了 25.27% 的变异，远低于 40% 的临界值标准。因此，单一因子解释的大部分变异现象并不存在，同源偏差并不严重，对后续研究可能造成的影响不大。

二、变量信度与效度检验

（一）信度分析

　　为确保语言表达的准确性和解释力，保证研究量表具有较高信效度，本研究采用双盲翻译并通过预调研对国外成熟量表进行修订和完善。问卷涉及的量表均为李克特 7 点量表，分值范围从 1（非常不认同）到 7（非常认同）。本研究运用 MPLUS 8.0 软件对变量间的信度效度情况进行检验。如表 6-5 所示，各维度及其所有题项的标准化估计系数均大于 0.6，显著性除以标准误得到显著性估计的 Z-Value 值，该值大于 1.96 表示显著，所有的 P-Value 均小于 0.001，因此代表所有题目均显著存在。本研究的题目信度是标准化估计值的平方，该值大于 0.36 则可接受，大于 0.5 以上代表具有良好的题目信度，即维度对题目的解释能力良好。维度信度是维度内题目的内部一致性，该值大于 0.6 表示可以接受，大于 0.7 以上，表示组成信度良好。

---

　　① 周浩，龙立荣.共同方法偏差的统计检验与控制方法 [J].心理科学进展，2004，12(6): 942—942.

表6-5　信度分析

维　度	题　目	参数显著性估计				题目信度	维度信度
		Estimate	S.E.	Est./S.E	P–Value	R^2	CR
创意新颖性	XY1	0.851	0.025	34.624	★★★	0.724	0.856
	XY2	0.827	0.023	35.922	★★★	0.684	
	XY3	0.766	0.029	26.802	★★★	0.587	
创意采纳	CC1	0.808	0.026	30.855	★★★	0.653	0.859
	CC2	0.77	0.032	24.287	★★★	0.593	
	CC3	0.702	0.038	18.488	★★★	0.493	
	CC4	0.701	0.032	21.699	★★★	0.491	
	CC5	0.718	0.029	24.469	★★★	0.516	
竞争性评价	JZ1	0.85	0.017	49.024	★★★	0.723	0.718
	JZ2	0.858	0.019	44.825	★★★	0.736	
	JZ3	0.853	0.02	43.402	★★★	0.728	
	JZ4	0.828	0.021	39.913	★★★	0.686	
可行性评价	KX1	0.713	0.048	14.993	★★★	0.508	0.863
	KX2	0.869	0.022	39.55	★★★	0.755	
	KX3	0.793	0.033	24.132	★★★	0.629	
	KX4	0.704	0.049	14.318	★★★	0.496	
	KX5	0.645	0.051	12.612	★★★	0.416	
合理说服	HL1	0.602	0.05	11.95	★★★	0.362	0.799
	HL2	0.67	0.048	14.094	★★★	0.449	
	HL3	0.729	0.037	19.575	★★★	0.531	
	HL4	0.71	0.042	17.01	★★★	0.504	
	HL5	0.614	0.052	11.727	★★★	0.377	
鼓舞感召	GW1	0.676	0.042	16.046	★★★	0.457	0.791
	GW2	0.82	0.033	25.139	★★★	0.672	
	GW3	0.74	0.038	19.639	★★★	0.548	

续　表

| 维　度 | 题　目 | 参数显著性估计 | | | | 题目信度 | 维度信度 |
		Estimate	S.E.	Est./S.E	P–Value	R²	CR
咨询合作	ZX1	0.641	0.042	15.274	***	0.411	0.822
	ZX2	0.711	0.036	20.006	***	0.506	
	ZX3	0.852	0.026	32.543	***	0.726	
	ZX4	0.716	0.034	20.929	***	0.513	
寻求协作	XZ1	0.759	0.033	23.015	***	0.576	0.887
	XZ2	0.964	0.021	44.865	***	0.929	
	XZ3	0.818	0.029	28.311	***	0.669	

在 MPLUS 软件当中，信度检验的指标以 CR 值为判定标准，而在国内不少结构方程模型的文章中，依然沿用 Cronbach's α 作为信度的检测标准，为此，本研究亦同时使用 SPSS21.0 软件对量表的信度进行再一次的评估。

表 6-6　创意新颖性量表的信度检验结果

变　量	编　号	均　值	标准差	CITC	项已删除的 Cronbach's α 系数	Cronbach's α 系数
创意新颖性	XY1	4.81	0.812	0.763	0.760	0.853
	XY2	4.89	0.877	0.724	0.795	
	XY3	4.75	0.856	0.688	0.828	

表 6-7　管理者认知的信度检验结果

变　量	编　号	均　值	标准差	CITC	项已删除的 Cronbach's α 系数	Cronbach's α 系数
竞争性	JZ1	5.19	0.946	0.799	0.883	0.910
	JZ2	5.20	0.967	0.806	0.880	
	JZ3	5.15	1.004	0.801	0.882	
	JZ4	5.14	1.005	0.780	0.890	

续　表

变　量	编　号	均　值	标准差	CITC	项已删除的 Cronbach's α 系数	Cronbach's α 系数
可行性	KX1	5.54	0.868	0.606	0.810	0.835
	KX2	5.59	0.833	0.743	0.772	
	KX3	5.55	0.854	0.669	0.792	
	KX4	5.52	0.898	0.618	0.807	
	KX5	5.52	0.842	0.548	0.825	

表6-8　创意采纳量表的信度检验结果

变　量	编　号	均　值	标准差	CITC	项已删除的 Cronbach's α 系数	Cronbach's α 系数
创意采纳	CC1	5.75	0.810	0.721	0.815	0.857
	CC2	5.80	0.777	0.688	0.824	
	CC3	5.71	0.816	0.641	0.836	
	CC4	5.55	0.863	0.653	0.834	
	CC5	5.79	0.819	0.664	0.830	

表6-9　创意倡导的信度检验结果

变　量	编　号	均　值	标准差	CITC	项已删除的 Cronbach's α 系数	Cronbach's α 系数
合理说服	SF1	5.56	0.698	0.698	0.717	0.729
	SF2	5.54	0.667	0.667	0.668	
	SF3	5.44	0.720	0.720	0.654	
	SF4	5.46	0.700	0.700	0.662	

变量	编号	均值	标准差	CITC	项已删除的 Cronbach's α 系数	Cronbach's α 系数
咨询合作	SF5	5.38	0.738	0.738	0.709	0.814
	HZ1	5.58	0.708	0.565	0.798	
	HZ2	5.58	0.658	0.620	0.773	
	HZ3	5.60	0.710	0.751	0.707	
	HZ4	5.54	0.705	0.603	0.781	
鼓舞感召	GW1	5.67	0.753	0.571	0.756	0.782
	GW2	5.61	0.759	0.696	0.623	
	GW3	5.54	0.859	0.602	0.730	
寻求协作	XZ1	5.16	1.021	0.709	0.882	0.880
	XZ2	5.29	1.021	0.847	0.760	
	XZ3	5.13	1.082	0.754	0.626	

（二）效度分析

在效度检验中，将 AVE 开方值置于相关系数矩阵中对角线位置。AVE 是平均方差萃取量，表征维度对题目的平均解释能力，该值大于 0.5 表示维度有不错的解释能力（吴明隆，2009）。结果显示量表具有较好的收敛效度。

表 6-10 效度分析

变 量	均 值	方 差	AVE	1	2	3	4	5	6	7	8
创意 新颖性	4.814	0.744	0.665	(0.815)							
竞争性 认知	5.17	0.869	0.718	0.600**	(0.847)						
可行性 认知	5.544	0.666	0.561	-0.324**	-0.322**	(0.749)					
创意采纳	5.718	0.651	0.549	0.293**	0.289**	-0.009	(0.741)				
合理说服	5.476	0.488	0.445	0.435**	0.375**	-0.077	0.275**	(0.667)			
咨询合作	5.576	0.556	0.559	0.481**	0.433**	-0.168**	0.240**	0.510**	(0.748)		
鼓舞感召	5.608	0.659	0.539	0.296**	0.115	-0.110	0.244**	0.443**	0.458**	(0.734)	
寻求协作	5.206	0.937	0.725	0.198**	0.164**	-0.153*	0.204**	0.134*	0.224**	0.230**	(0.851)

注：表中数据为标准化系数：***、**、*分别表示在1%，5%和10%水平上显著，括号内数值为主变量的AVE开根号值。

根据 Fomell 和 Larcker（1981）的建议，本研究在对角线上放上 AVE 的开根号值，下三角为构面维度之皮尔森相关。比较结果发现，本研究中各变量两两之间相关系数值均不高于对角线位置取值，即变量之间相关性低于变量本身的聚合性，同时，验证性因子分析中，五因子模型的拟合优度指数最佳（$\chi 2 \backslash df=1.852$，CFI = 0.940, TLI = 0.931, SRMR = 0.056, RMSEA = 0.057，见表 6–11）。因此，本研究中潜变量的维度具有较好的区别效度。

表 6–11　验证性因子分析

模　型	$\chi 2 \backslash df$	CFI	TLI	SRMR	RMSEA
五因子模型 XY,KXW,KXN,CC,CD	1.852	0.940	0.931	0.056	0.057
四因子模型 XY+KXW,KXN,CC,CD	4.048	0.783	0.753	0.107	0.123
三因子模型 XY+KXW+KXN,CC,CD	6.264	0.619	0.573	0.140	0.150
二因子模型 XY+KXW+KXN+CC,CD	8.529	0.450	0.389	0.168	0.177
单因子模型 CD+XY+KXW+KXN+CC	8.831	0.425	0.364	0.171	0.179

注：CD表示创意倡导，XY表示创意新颖性，KXW表示对外可行性评价，KXN表示对内可行性评价，CC表示创意采纳。

（三）群组效应检验

由于调查对象当中，员工和管理者是嵌套在团队当中的，不同团队的管理者对其员工的评价会有差异，因此，员工—管理者所填写的调查问卷结果可能存在一定程度的群组效应。为判断本研究中量是否存在群组效应，需要对因变量的 ICC 值以及各变量的 Rwg 值进行测算。

1. 各变量的 Rwg 值（组内评分者信度）

Rwg（j）是目前使用最广泛的 interrate agreement 指标，特别是针对里克特量表，主要用于判定低层面变量在加总前的一致性情况（James et al., 1981）。其中（j）代表的是潜变量的题目数量，实践上一般认为 Rwg（j）大于 0.7 表示可以接受。通过 Rwg 值的语法指令，本研究依次求得各变量各组别的 Rwg 值，按从小到大排序后，检查并删除 Rwg 值小于 0.7 的组别，并将剩下的组别 Rwg 值求平均值得到最终的变量 Rwg 值。创意新颖性的 Rwg=0.9063，创意可行性的 Rwg=0.9204，创意可行性的 Rwg=0.8876，创意采纳的 Rwg=0.8618，合理说服的 Rwg=0.9416，咨询合作的 Rwg=0.9404，鼓舞感召的 Rwg=0.8845，寻求协作的 Rwg=0.8622。

2. 各变量的 ICC 值（组内相关系数）

组内相关系数（Intra-class correlation，ICC）是除 Rwg 外最常用、更高的评分一致性指标。计算 ICC(1) 值的目的是检测因变量在群组间有无显著差异，有差异才需要进行多层次分析。ICC（1）值的计算可以使用 MPLUS8.0 软件中随机 ANAVA 模型（空模型）的语法指令运算结果。其计算公式是：ICC(1) = 组间方差 /（组内方差 + 组间方差），即组间方差占总方差的比例。当 ICC 值大于 0.059 时，需要考虑多层次分析。由运行结果的组间方差为 0.114，组内方差为 0.31，所以 ICC1=0.114/（0.114+0.31）=0.269，大于 0.059，所以本研究中，变量存在群组效应，需要考虑多层次分析。

三、假设检验

用以分析结构方程模型的软件有不少，目前使用较多的有 MPLUS、LISREL、AMOS、EQS 等，它们都可以用来分析多水平因子模型，但只有 MPLUS 软件可以直接定义模型，而不需要定义多组模型并通过在模型中加限定条件才能完成（Muthen，1994），因此，为了后续研究的方便，本研究使用 MPLUS8.0 软件进行分析。本研究的所有主变量皆测度的是个体层面的内容，包括由管理者打分的管理者认知、创意采纳这两个变量也是对每个员工个体创意的评价和认知，但由于员工个体嵌套在团队之中，会受到来自管理者和团队要素的影响，不同团队之间会有差异化的表现，使得样本不独立，违反基本假设，可能导致估计标准误偏小的问题。因此，为控制由于不同组别带来的差异化影响，保证研究结果更为严谨和准确，本研究选用多层次 1-1-1 模型对相关假设进行检验。在进行正式分析之前，首先要对变量进行中心化处理。由于 1-1-1 模型中的自变量和中介变量都是居于一层的变量，因此需要对自变量和中介变量进行中心化处理，以便更好地区分中介变量的组内变异和组间变异部分的中介效应。根据 Zhang 等（2009）推荐的方法，本研究将一层自变量和中介变量进行组均值中心化。同时，在进行假设检验前，需先通过三大检验，其中，对检验模型均进行方差膨胀因子（VIF）诊断，以观察其是否存在严重的共线性问题，相关结果显示本研究模型的 VIF 值均低于 3.0 的临界标准。通过异方差和序列相关检验，并未出现问题。

（一）创意新颖性与创意采纳的关系检验

基于现有理论和案例分析结果，本研究关注并探求创意新颖性与创意采纳的影响关系，在理论和案例研究后认为，创意新颖性与创意采纳呈现倒 U 型关系。根据 Haans 等（2016）提出的倒 U 型关系检验三步骤：（1）自变量二次项的回归系数为负且显著；（2）在自变量取值较低时，斜率值为正，取值较高时，斜率值为负；（3）倒 U 型曲线的拐点落在自变量的取值范围之内。

首先，根据表 6-12 结果显示模型 1-1 为基准模型，探求的是控制变量与因变量创意采纳之间的关系，即管理者性别、年龄、受教育年限、职位以及他们与受访员工之间的共事时长，而模型 1-2 则是在基准模型基础上加入了自变量创意新颖性及其平方项。由结果可知，创意新颖性二次项对创意采纳的回归系数为负且显著（$\beta = -0.264$，$P < 0.05$），满足条件（1）的要求。

为检验斜率情况，本研究得到斜率方程：$S = -0.528X + 0.179$。由于 X 经过标准化处理，因此 X 的取值范围为 $[-2, 2]$，当 X 取最低值时，斜率 $S = 1.235$ 为正，当 X 取最高值时，斜率 $S = -0.877$ 为负，满足条件（2）。为检验曲线方程的拐点，令创意新颖性与创意采纳的斜率方程 $S = -0.528X + 0.179$ 等于零，此时，X 取值为 0.339，在 [-2,2] 取值范围之内。因此，当创意新颖性与创意采纳斜率方程等于零时，X 的值并未超出 X 的取值范围，满足条件（3）。综上，假设 H1 成立，创意新颖性与创意采纳倒 U 型关系显著，即创意项目的新颖性过高或过低都不利于管理者的采纳。

表 6-12　创意新颖性与创意采纳的关系模型

变　量	因变量：创意采纳	
	模型 1-1	模型 1-2
性别	-0.031	-0.034
年龄	0.008	0.027
受教育年限	0.021	0.021
职位	-0.032	-0.012
共事时长	0.023	-0.059
创新氛围	0.131★★	0.108★
创意新颖性		0.179★
创意新颖性^2		-0.264★

注：表中数据为标准化系数；★★★、★★、★分别表示在 1%、5% 和 10% 水平上显著。

（二）创意新颖性对管理者认知的作用检验

根据表 6-13 中创意新颖性对管理者认知的回归分析结果，模型 2-1 探讨的是控制变量对管理者认知的影响。模型 2-2 和 2-3 分别检验创意新颖性对管理者竞争性认知和管理者可行性认知的影响。模型 2-4 检验创意新颖性对管理者认知整体的影响。其中，模型 2-2 和 2-3 的结果显示，创意新颖性对管理者的竞争性认知有正向影响作用，即创意新颖性越强，管理者所能感知到的项目竞争性所带来的机会和价值越高。创意新颖性对竞争性认知的回归系数为 0.597。创意新颖性对管理者的可行性认知有负向影响作用，即创意新颖性越强，管理者所能感知到的项目可行性不足所带来的威胁和障碍越大。创意新颖性对可行性认知的回归系数为 -0.281。假设 H2a 和 H2b 得到验证。

模型 2-4 显示，管理者认知受到管理者性别和受教育年限的负向影响，同时，创意新颖性的二次项和一次项对中介变量管理者认知的系数皆显著，其中一次项系数为正，二次项系数为负。根据 Lind 和 Mehlum（2010）提出的倒 U型关系的三步骤检验程序，仅验证系数的显著性并不足够。还需要验证倒 U型曲线转折点两边的斜率是否一正一负且显著。首先，求倒 U 型关系方程式 $m=\beta_0+\beta_1X+\beta_2X^2$ 的一阶导数，得到斜率方程：S=-0.444X+0.08。由于 X 经过标准化处理，因此 X 的取值范围为 [-2,2]，当 X 取最低值时，斜率 S=0.968 为正，当 X 取最高值时，斜率 S=-0.808 为负。其次，当创意新颖性与创意采纳斜率方程等于零时，转折点 X=0.180，并未超出 X 的取值范围。由此验证创意新颖性对管理者认知的倒 U 型关系显著，假设 H2 成立。

表 6-13　创意新颖性与管理者认知的关系模型

变　量	因变量：创意采纳	
	模型 1-1	模型 1-2
性别	−0.031	−0.034
年龄	0.008	0.027
受教育年限	0.021	0.021
职位	−0.032	−0.012
共事时长	0.023	−0.059
创新氛围	0.131★★	0.108★
创意新颖性		0.179★
创意新颖性^2		−0.264★

注：表中数据为标准化系数：★★★、★★、★分别表示在1%、5%和10%水平上显著。

（三）管理者认知对创意采纳的作用检验

根据表 6-14 中管理者认知对创意采纳的回归分析结果，模型 1-1 探讨的是控制变量对创意采纳的影响。模型 3-1 和 3-2 分别检验了管理者竞争性认知和管理者可行性认知对创意采纳的影响。模型 3-3 检验管理者认知对创意采纳的整体影响。其中，模型 3-1 和 3-2 的结果显示，管理者对创意的竞争性认知和可行性认知对其做出采纳决策都有正向的影响作用，假设 H3a 和 H3b 得到验证。模型 3-3 结果显示，管理者认知对创意采纳有显著的正向影响关系，两者的回归系数为 0.413（P<0.001），假设 H3 得到验证。

表 6-14　管理者认知与创意采纳的关系模型

变量	因变量：创意采纳			
	模型 1-1	模型 3-1	模型 3-2	模型 3-3
性别	-0.031	0.004	0.019	0.034
年龄	0.008	0.036	0.016	0.033
受教育年限	0.021	0.036	0.016	0.052
职位	-0.032	-0.019	-0.046	-0.049
共事时长	0.023	-0.028	0.032	-0.011
创新氛围	0.131★★	0.103★	0.137★★	0.130★★
竞争性（M1）		0.188★★		
可行性 (M2)			0.111★	
管理者认知 (M)				0.413★★★

注：表中数据为标准化系数：★★★、★★、★分别表示在1%、5%和10%水平上显著。

（四）管理者认知的中介作用检验

根据本研究的内容，由于存在群体效应的影响，使用跨层次 1-1-1 中介效应模型对提高研究的准确性最为合适，具体步骤如下。

（1）步骤一：零模型检验

层 -1：$Y_{ij} = \beta_{0j} + \varepsilon_{ij}$

层 -2：$\beta_{0j} = \gamma_{00} + \mu_{oj}$

（2）步骤二：自变量 Xij 对因变量 Yij 的直接效应 c 的检验

层-1：$Y_{ij} = \beta_{0j} + \beta_{1j}(X_{ij} - \bar{X}_{.j}) + \varepsilon_{ij}$

层-2：$\beta_{0j} = \gamma_{00} + \gamma_{01}^{c2}\bar{X}_{.j} + \mu_{oj}$

$\beta_{1j} = \gamma_{10}^{c1}$

（3）步骤三：自变量 Xij 对中介变量 Mij 的直接效应 α 的检验

层-1：$M_{ij} = \beta_{0j} + \beta_{1j}(X_{ij} - \bar{X}_{.j}) + \varepsilon_{ij}$

层-2：$\beta_{0j} = \gamma_{00} + \gamma_{01}^{a2}\bar{X}_{.j} + \mu_{oj}$

$\beta_{1j} = \gamma_{10}^{a1}$

（4）步骤四：自变量 Xij 和中介变量 Mij 对因变量 Yij 作用的效应 c' 和 b 的检验

$$Y_{ij} = \beta_{oj} + \beta_{1j}(X_{ij} - \bar{X}_{.j}) + \beta_{2j}(M_{ij} - \bar{M}_{.j}) + \varepsilon_{ij}$$

层-2：$\beta_{0j} = r_{00} + r_{01}^{c'2}\bar{X}_{.j} + r_{02}^{b2}\bar{M}_{.j} + \mu_{0j}$

$\beta_{1j} = r_{10}^{c'1}$

$\beta_{2j} = r_{20}^{b1}$

同时，本研究属于非线性的中介作用，依旧采用传统的三步骤检验方法。由表 6-15 可见，自变量创意新颖性二次项与一次项对中介变量管理者认知、因变量创意采纳均有显著影响。将创意新颖性的二次项、一次项、中介变量管理者认知和因变量创意采纳同时纳入模型时，管理者认知对创意采纳的回归系数显著。

表 6-15　层级回归分析（N=267）

类　别	管理者认知			创意采纳	
	模型 2-1	模型 2-4	模型 1-1	模型 1-2	模型 4-1
性别	−0.082	−0.103★	−0.031	−0.034	−0.005
年龄	−0.063	−0.047	0.008	0.027	0.042

续　表

类　别	管理者认知			创意采纳	
	模型 2-1	模型 2-4	模型 1-1	模型 1-2	模型 4-1
受教育年限	−0.080★	−0.083★	0.021	0.021	0.039
职位	0.037	0.045	−0.032	−0.012	−0.032
共事时长	0.088★	0.043	0.023	−0.059	−0.061
创新氛围	0.005	−0.008	0.131★★	0.108★	0.109★★
XY		0.080★		0.179★	0.159
XY2		−0.222★		−0.264★	−0.199
GLR					0.317★★

注：表中数据为标准化系数：★★★、★★、★分别表示在1%、5%和10%水平上显著。

分别取自变量创意新颖性的三个典型值，即均值－一个标准差（M−1SD）、均值（M）和均值＋一个标准差(M+1SD)。如表6-16所示。把三个 X 值代入公式求得瞬时中介效应值后，我们发现，中间的中介效应值比另外两个大，由此可证明呈现倒 U 型关系，且当 X=m 时，中介作用最大。

表6-16　瞬时中介效应值

中介路径	X 取值	中介效应量	SE	t	P
创意新颖性—管理者认知—创意采纳	m−SD	0.305	0.576	0.530	★★
	m	0.487	0.575	0.847	★★
	m+SD	0.332	0.591	0.562	不显著

注：表中数据为标准化系数：★★★、★★、★分别表示在1%、5%和10%水平上显著。

（五）创意倡导的调节作用检验

1. 合理说服的调节作用

对于非线性关系的调节效用，Haans 等（2016）指出，当曲线为倒 U 型曲线时，如果自变量的二次项与调节变量的交互项系数为负且显著时，曲线变陡峭，调节变量强化了自变量与因变量之间的关系。考虑合理说服的调节作用，创意新颖性与管理者认知的方程为 $m=a_0+a_1x+a_2X_2+a_3U+a_4XU+a_5X^2U$，由表 6-17 可见，创意新颖性二次项与合理说服的交互项对于管理者认知的回归系数为负且显著。对 X 求导，得斜率方程式为 $m=a_1+2^*a_2^*X+a_4^*U+2^*a_5^*X^*U$，进一步地，对 X 的二次项求导结果为 $m=2^*a_2+2^*a_5^*U=-0.672-1.978U$。观察当 U=1 时，即采用高强度的说服行为时，创意新颖性与管理者认知之间的倒 U 型关系的强度是否比当 U=0 时，即低强度的说服行为更强烈（斜率更陡峭）。结果显示，当合理说服 U=1 时（高说服力），曲线斜率变化为 −2.65，其绝对值大于 U 为 0 的二次求导后的值（−0.672）。由此，当员工采取高说服力的倡导行为时，曲线左右两边的斜率将变得更加陡峭。

同理，创意新颖性二次项与合理说服的乘积与创意采纳的回归系数为负且显著。斜率方程式为 $y=a1+2^*a_2^*X+a_4^*U+2^*a_5^*X^*U$，进一步地，对 X 的二次项求导结果为 $y=2^*a_2+2^*a_5^*U=-0.68-1.928U$。观察当 U=1 时，即采用高强度的说服行为时，创意新颖性与创意采纳之间的倒 U 型关系的强度是否比当 U=0 时，即低强度的说服行为更强烈（斜率更陡峭）。结果显示，当合理说服 U=1 时（高说服力），曲线斜率变化为 −2.608，其绝对值大于 U 为 0 的二次求导后的值（−0.68）。由此，当员工采取高说服力的倡导行为时，曲线左右两边的斜率将变得更加陡峭。

表 6-17 合理说服有调节的中介模型作用检验

类　别	管理者认知			创意采纳			
	模型 2-1	模型 2-4	模型 5-1	模型 1-1	模型 1-2	模型 4-1	模型 5-2
性别	−0.082	−0.103★	−0.072	−0.031	−0.034	−0.005	0.015
年龄	−0.063	−0.047	−0.048	0.008	0.027	0.042	0.033
受教育年限	−0.080★	−0.083★	−0.077★	0.021	0.021	0.039	0.036
职位	0.037	0.045	0.038	−0.032	−0.012	−0.032	−0.033
共事时长	0.088★	0.043	0.044	0.023	−0.059	−0.061	−0.058
创新氛围	0.005	−0.008	−0.018	0.131★★	0.108★	0.109★★	0.098★

类　别	管理者认知			创意采纳			
	模型 2-1	模型 2-4	模型 5-1	模型 1-1	模型 1-2	模型 4-1	模型 5-2
XY		0.080★	0.084★		0.179★	0.159	0.167★
XY2		−0.222★	−0.336★★★		−0.264★	−0.199	−0.340★★
GLR						0.317★★	0.190
HL			0.020				0.043
XY★HL			−0.056				−0.066
XY2★HL			−0.989★★★				−0.964★★

注：表中数据为标准化系数：★★★、★★、★分别表示在1%、5%和10%水平上显著。

2. 咨询合作的调节作用

考虑咨询合作的调节作用，创意新颖性与管理者认知的方程为 $m=a_0+a_1x+a_2X^2+a_3U+a_4XU+a_5X^2U$，由表 6-18 可见，创意新颖性二次项与咨询合作的交互项对于管理者认知的回归系数为负且显著。对 X 求导，得斜率方程式为 $m=a_1+2^*a_2^*X+a_4^*U+2^*a_5^*X^*U$，进一步地，对 X 的二次项求导结果为 $m=2^*a_2+2^*a_5^*U=-1.012-0.576U$。观察当 U=1 时，即采用高强度的咨询和合作行为时，创意新颖性与管理者认知之间的倒 U 型关系的强度是否比当 U=0 时，即低强度的咨询和合作行为更强烈（斜率更陡峭）。结果显示，当咨询合作 U=1 时（高咨询合作倾向），曲线斜率变化为 −1.588，其绝对值大于 U 为 0 的二次求导后的值（−1.012）。由此，当员工采取高咨询和合作行为时，曲线左右两边的斜率将变得更加陡峭。

同理，观察创意新颖性二次项与咨询合作的乘积与创意采纳的回归系数，但发现两者之间的回归系数不显著。可能的原因是，管理者在识别、判断和认知创意所带来的机会和价值时，创意项目有无获得组织高层、员工的支持是提高创意本身可行性的一个依据，创意项目如果还能获得第三方专业机构的认定和认可，则更能说明创意的潜在价值和作用，这些对于提高管理者对创意价值的认知是有很大帮助的，所以咨询合作行为在创意新颖性与管理者认知之间的调节作用显著。但采纳决策的制定并不仅仅由创意的价值决定，管理者需要从组织整体战略和未来发展方向上做出综合考量。在这种情况下，参与者的类型和数量，以及是否拥有权威机构的认定只能证明创意的价值和可行性，并不能影响或改变组织的战略和发展方向，因此对最终采纳结果的影响关系不大。

表6-18 咨询合作有调节的中介模型作用检验

类 别	管理者认知			创意采纳			
	模型 2-1	模型 2-4	模型 5-3	模型 1-1	模型 1-2	模型 4-1	模型 5-4
性别	−0.082	−0.103★	−0.066	−0.031	−0.034	−0.005	0.004
年龄	−0.063	−0.047	−0.031	0.008	0.027	0.042	0.050
受教育年限	−0.080★	−0.083★	−0.073★	0.021	0.021	0.039	0.043
职位	0.037	0.045	0.024	−0.032	−0.012	−0.032	−0.040
共事时长	0.088★	0.043	0.049	0.023	−0.059	−0.061	−0.050
创新氛围	0.005	−0.008	−0.005	0.131★★	0.108★	0.109★★	0.114★★
XY		0.080★	0.098★★		0.179★	0.159	0.173★
XY2		−0.222★	−0.506★★★		−0.264★	−0.199	−0.357★★
GLR						0.317★★	0.239★★
ZX			0.062				0.038★★
XY★ZX			0.115				0.162★
XY2★ZX			−0.288★★★				−0.097

注：表中数据为标准化系数；★★★、★★、★分别表示在1%、5%和10%水平上显著。

3. 鼓舞感召的调节作用

考虑鼓舞感召的调节作用，创意新颖性与管理者认知的方程为 $m=a_0+a_1x+a_2X^2+a_3U+a_4XU+a_5X^2U$，由表6-19可见，创意新颖性二次项与鼓舞感召的交互项对于管理者认知的回归系数为负且显著。对X求导，得斜率方程式为 $m=a_1+2^*a_2^*X+a_4^*U+2^*a_5^*X^*U$，进一步地，对X的二次项求导结果为 $m=2^*a_2+2^*a_5^*U=-0.876-0.578U$。观察当U=1时，即采用高强度的鼓舞行为时，创意新颖性与管理者认知之间的倒 U 型关系的强度是否比当 U=0 时，即低强度的鼓舞行为更强烈（斜率更陡峭）。结果显示，当鼓舞感召 U=1 时（高说服力），曲线斜率变化为 −1.454，其绝对值大于 U 为 0 的二次求导后的值（−0.876）。由此，当员工采取高鼓舞性的倡导行为时，曲线左右两边的斜率将变得更陡峭。

同理，观察创意新颖性二次项与鼓舞感召的乘积与创意采纳的回归系数，发现，两者之间的回归系数不显著。可能的原因是，我们从理论出发，鼓舞感召表达的内容主要是员工通过举办有关新想法的宣讲会来鼓舞人心，向管理者表达创意可能形成的效果和愿景，同时将创意与理想和价值观联系，提高管理者对创意价值的认同感和争取更多员工的支持。在现实情境中，宣讲会更多影响的是员工对新项目的态度和认知。因此，宣讲会是通过提高员工对新项目的认知和热情，进而提高整个项目的支持度和可行性，从而影响管理者对它的评价。与咨询合作行为相似，鼓舞感召行为由于其影响更多作用于员工而不是管理者，很难直接对采纳决策有影响作用。故而从整体上看，鼓舞感召对创意新颖性与管理者采纳关系的调节作用不显著。

表 6-19　鼓舞感召有调节的中介模型作用检验

类　别	管理者认知			创意采纳			
	模型 2-1	模型 2-4	模型 5-5	模型 1-1	模型 1-2	模型 4-1	模型 5-6
性别	−0.082	−0.103★	−0.071	−0.031	−0.034	−0.005	0.012
年龄	−0.063	−0.047	−0.023	0.008	0.027	0.042	0.030
受教育年限	−0.080★	−0.083★	−0.077★	0.021	0.021	0.039	0.013
职位	0.037	0.045	0.020	−0.032	−0.012	−0.032	−0.037
共事时长	0.088★	0.043	0.044	0.023	−0.059	−0.061	−0.034
创新氛围	0.005	−0.008	−0.003	0.131★★	0.108★	0.109★★	0.083★
XY		0.080★	0.134★★		0.179★	0.159	0.151★
XY2		−0.222★	−0.438★★★		−0.264★	−0.199	−0.291
GLR					0.317★★	0.298	

续 表

类　别	管理者认知			创意采纳			
	模型 2-1	模型 2-4	模型 5-5	模型 1-1	模型 1-2	模型 4-1	模型 5-6
GW			−0.037				0.163★★
XY★GW			−0.042				−0.023
XY2★GW			−0.289★★★				−0.138

注：表中数据为标准化系数；★★★、★★、★分别表示在1%、5%和10%水平上显著。

4. 寻求协作的调节作用

考虑寻求协作的调节作用，创意新颖性与管理者认知的方程为 $m=a_0+a_1x+a_2x^2+a_3U+a_4XU+a_5X^2U$，由表6-20可见，创意新颖性二次项与寻求协作的交互项对于管理者认知的回归系数为负且显著。对 X 求导，得斜率方程式为 $m=a_1+2^*a_2^*X+a_4^*U+2^*a_5^*X^*U$，进一步地，对 X 的二次项求导结果为 $m=2^*a_2+2^*a_5^*U=-0.67-0.41U$。观察当 U=1 时，即采用高强度的寻求协作行为时，创意新颖性与管理者认知之间的倒 U 型关系的强度是否比当 U=0 时，即低强度的寻求协作行为更强烈（斜率更陡峭）。结果显示，当寻求协作 U=1 时（高说服力），曲线斜率变化为 −1.08，其绝对值大于 U 为 0 的二次求导后的值（−0.67）。由此，当员工采取积极的寻求协作行为时，曲线左右两边的斜率将变得更加陡峭。

同理，观察创意新颖性二次项与寻求协作的乘积与创意采纳的回归系数，发现，两者之间的回归系数不显著。可能的原因是，当员工在向管理者汇报创意项目时，可能会通过向管理者寻求协作来加深管理者对创意项目的认知。比如告诉管理者新项目可能面临的困难，降低其对新项目不确定性的担忧；又如告诉管理者实施新想法需要哪些资源，并将组织现有资源或冗余资源与这些需求相联系，提高项目的可行性和潜在价值；再如向管理者展示完成新想法所需要的步骤，增强项目的可操作性和可行性。上述行为能有效帮助管理者更具体和更好地感知新创意项目的内容和实现方式，对管理者认知创意价值和可行性有重要作用。但在采纳决策过程中，这些可能的困难和所需的资源和步骤很可能成为管理者拒绝创意项目的理由和依据。因为此时管理者更关注创意项目与现有主营业务、战略方向的契合度和匹配度，新项目的价值再高，如果与现有核心业务和战略方向不一致，管理者亦容易做出拒绝的决策。故而从整体上看，寻求协作对创意新颖性与管理者采纳关系的调节作用不显著。

表6-20　寻求协作有调节的中介模型作用检验

类　别	管理者认知			创意采纳			
	模型 2-1	模型 2-4	模型 5-7	模型 1-1	模型 1-2	模型 4-1	模型 5-8
性别	−0.082	−0.103★	−0.094★	−0.031	−0.034	−0.005	0.021
年龄	−0.063	−0.047	−0.041	0.008	0.027	0.042	0.055
受教育年限	−0.080★	−0.083★	−0.085★	0.021	0.021	0.039	0.055
职位	0.037	0.045	0.025	−0.032	−0.012	−0.032	−0.045
共事时长	0.088★	0.043	0.055	0.023	−0.059	−0.061	−0.062
创新氛围	0.005	−0.008	0.021	0.131★★	0.108★	0.109★★	−0.036
XY		0.080★	0.124★★		0.179★	0.159	0.165★
XY2		−0.222★	−0.335★★★		−0.264★	−0.199	−0.193
GLR						0.317★★	0.306★★
XZ			−0.032				0.147★★
XY★XZ			0.022				−0.091★
XY2★XZ			−0.205★★				−0.098

注：表中数据为标准化系数；★★★、★★、★分别表示在1%、5%和10%水平上显著。

（六）进一步分析：突破性创意VS渐进性创意

新颖性对组织适应外部环境并谋求更好的生存和发展至关重要，但事实上，组织的总体趋势往往朝着更平稳的方向发展，有时甚至躲避和抵制新颖方向（Benner and Tushman，2002；S?rensen and Stuart，2000），组织到底是如何权衡和考虑新颖性和常规性的平衡，进而引导和维持组织向更好的方向发展的呢？

基于组织学习理论，探索和开发是组织进行新知识挖掘和现有知识开发的两项重要行为，其中，探索被定义为"the pursuit of novelty"，即对新知识的追求；而开发被定义为"less novel, or more routine behavior"，即对已知事物的使用和开发。为更好地区分两者的差异，March（1991）用大量同义词对两个概念进行描述，如用"搜索、发现、变异、创新"等术语形容探索行为，用"细化、执行、选择"等术语概括开发行为。同时，March 在其研究中强调，一般而言，探索行为产生的回报低于开发行为，因为新颖的、非常规的行为会产生更高的失败可能性，但另一方面，探索一旦成功，其获得的收益回报比开发行为多得多。囿于此，探索和开发行为之间应该如何抉择和平衡成为了组织生存和繁荣的重要课题。

Lori Rosenkopf 和 Patia McGrath（2021）在对 March 等学者的研究进行深度挖掘和思考后认为，探索与追求新颖性更高的行为相关，而开发则与不那么新颖和更常规的行为相关。即根据新颖性程度的不同，员工创意可以是微小的改进，亦可以是突破性的新发现（Mumford 和 Gustafson，1988）。Madjar 等（2011）基于上述差异，将创意细分为突破性创意和渐进性创意两种类型，其中，突破性创意指的是与组织现有实践或做法完全不同的新想法或新点子，渐进性创意则是在现有框架体系内，为技术、流程、绩效等改进提供新思路的想法或点子。突破性创意侧重改变（change），因而蕴含更高的风险和不确定性；渐进性创意侧重改进（modifcation），因而更为稳定和容易接受（Litchfield，2008）。Lavie 和 Rosenkopf（2006）将探索和利用行为纳入联盟决策的新颖性评估当中，即如果联盟属于研发联盟（探索式），其决策归类为"功能领域"的探索性决策（新颖性较高）；如果基于商业化目的合作建立联盟（开发式），则其决策归类为"结构领域"的开发性决策（新颖性较低）。

从实证研究结果的整体上看，创意新颖性对创意采纳呈现出倒 U 型的影响效果，那么对于不同类型的创意，新颖性程度的变化对采纳意愿的影响路径和效果是否会发生变化？员工在倡导不同类型的创意时，其倡导方式又会有何种变化呢?

1. 子样本的筛选与获取

本研究根据以下两个原则对已有的问卷数据进行分类：一是在问卷设计中，针对突破性创意，我们选用了三个测量题项，即该想法原创性很高、该想法是组织高度创造性的来源、该想法为解决问题提供了全新的方案；针对渐进性创意，我们亦选用了三个测量题项，即该想法是对现有工艺的改进、该想法降低了现有产品的成本、该想法能提升现有产品或服务的质量（Madjar，2011；张勇等，2014）。通过判断两种创意的得分来划分创意类型。二是将突破性创意与渐进性创意的含义、同义词和相关例子展现给受访者，并请他们判断创意的类型。最后，对比两种得分情况，一致的就按照最终类型进行子样本划分，不一致的数据给予删除处理。由于两者测算方式的结果不一致的数据有十份，做删除处理。最终得到渐进性创意数据 195 份，突破性创意数据 62 份。

2. 不同类型创意对"新颖性—采纳意愿"关系的差异化路径探析

本研究考虑管理者对不同创意类型，即突破性创意与渐进性创意的认知和决策过程可能存在的差异化路径问题。通过对创意类型的进一步细分，希望能进一步探寻新颖性对管理者采纳意愿的影响机理。首先，对于渐进性创意，由于其是对现有框架内技术、流程、绩效等的改进，对现有流程的干扰较少，风险系数和学习难度较低。渐进性创意能够帮助组织在现有经营领域和优势范围内开发更多的竞争力，利用尽可能少的开发成本，获得更大的利润和发展空间。因此，对于渐进性创意而言，创意的新颖性程度越高，对现有技术、需求潜力的挖掘力度越大，资源利用程度也越高，故管理者采纳此类创意的意愿越强烈。即对于渐进性创意而言，创意新颖性对创意采纳呈现正向影响关系。

为了检验上述想法，本研究根据子样本数据，对渐进性创意的创意新颖性与创意采纳之间的影响关系进行了实证检验。首先，根据表 6-21 结果显示，Mode6-1 为基准模型，探求的是控制变量与因变量创意采纳之间的关系，即管理者性别、年龄、受教育年限、职位以及他们与受访员工之间的共事时长，而 Mode6-2 则是在基准模型基础上加入了自变量创意新颖性，Mode6-3 则是在基准模型基础上加入了自变量及其平方项。由结果可知，创意新颖性二次项对创意采纳的回归系数为负且显著（β=-0.157，P<0.05）。可见，对于渐进性创意而言，新颖性对管理者采纳意愿的影响并不是呈现直线上升的趋势，很可能是倒 U 型关系，为此，本研究根据 Haans 等（2016）提出的倒 U 型关系检验三步骤，全面检验两者间的影响路径走向。

由于创意新颖性二次项对创意采纳的回归系数为负且显著，已满足条件（1）。为检验斜率情况，本研究得到斜率方程：S=-0.314X+0.102。由于 X 经过标准化处理，因此 X 的取值范围为 [-2,2]，当 X 取最低值时，斜率 S 为正，当 X 取最高值时，斜率 S 为负，满足条件（2）。为检验曲线方程的拐点，令创意新颖性与创意采纳的斜率方程 S=-0.314X+0.102 等于零，此时，X 取值为 0.325，在 [-2,2] 取值范围之内。因此，当创意新颖性与创意采纳斜率方程等于零时，X 的值并未超出 X 的取值范围，满足条件（3）。综上，创意新颖性与创意采纳倒 U 型关系显著，即创意项目的新颖性过高或过低都不利于管理者的采纳。

表 6-21　创意新颖性与创意采纳的关系（渐进性创意）

变　量	因变量：创意采纳		
	模型 6-1	模型 6-2	模型 6-3
性别	0.154	0.127	0.111
年龄	0.016	0.027	0.025
受教育年限	0.066	0.062	0.068
职位	-0.068	-0.059	-0.035
共事时长	0.029	-0.012	-0.049
创新氛围	0.091★	0.083	0.081
JJX		0.191★★	0.165★★
JJX2			-0.255★

注：表中数据为标准化系数；★★★、★★、★分别表示在1%、5%和10%水平上显著。

其次，对于突破性创意，由于其是与组织现有实践或做法完全不同的新想法或新点子，渐进性创意则是在现有框架体系内，为技术、流程、绩效等改进提供新思路的想法或解决方案，对现有组织框架、流程有较大的影响，面临更高的失败率和风险。因此，对于突破性创意而言，新颖性程度较低的创意，由于其一方面能突破现有技术或流程框架，为企业带来潜在价值和发展机会，另一方面，它的新颖性程度较低，企业开发难度相对较小，容易实现和加以利用。故管理者对新颖性程度较低的突破性创意有较高的采纳意愿，但随着创意新颖性的提高，管理者对创意项目的风险性和不确定性感知愈加强烈，同时由于自身经验和知识水平的限制，很难看出该类创意项目的潜在价值和发展路径，同时，要在组织内实行创意的难度也直线上升，开发成本和学习成本过大，故随着新颖性程度的上升，管理者采纳意愿呈现下降的趋势。即对于突破性创意，创意新颖性对创意采纳呈现负向影响关系。

为了检验上述想法，本研究根据子样本数据，对突破性创意的新颖性与创意采纳之间的影响关系进行了实证检验。研究结果并未表明创意新颖性与创意采纳有显著的相关关系（如表 6-22）。可能的原因是突破性创意的样本数量太少了，使得整体效果没有办法显现出来。不过从模型的初步结果可见，对于突破性创意而言，创意新颖性与管理者采纳意愿之间可能呈现出负向影响的关系。未来的研究可以针对突破性创意，增加相关研究对象的样本数量，可能能得出更有趣的研究结果。

表 6-22　创意新颖性与创意采纳的关系（突破性创意）

变　量	因变量：创意采纳		
	模型 6-4	模型 6-5	模型 6-6
性别	−0.354★★	−0.316★★	−0.200★
年龄	−0.080	−0.073	−0.012
受教育年限	−0.086	−0.071	−0.096
职位	0.069	0.092	0.045
共事时长	0.155★	0.152★	0.077

变　量	因变量：创意采纳		
	模型 6-4	模型 6-5	模型 6-6
创新氛围	0.019	0.018	0.006
TPX		−0.137	−0.282★★
TPX2			−0.514★

注：表中数据为标准化系数：★★★、★★、★分别表示在1%、5%和10%水平上显著。

3. 管理者认知的非线性传导效果在渐进性创意中是否依旧显著

在不同类型创意对"新颖性—采纳意愿"关系的差异化路径探析中，本研究实证检验结果显示，对于渐进性创意而言，创意新颖性与采纳意愿呈现倒 U 型的影响关系。由于突破性创意的样本数量较少等可能原因，子样本中的创意新颖性与采纳意愿之间的关系并不显著，难以得出两者之间呈现何种关系的结果。因此，本部分仅针对渐进性创意，就管理者认知的非线性传导效果是否依旧存在进行探讨和检验。

从前文可知，管理者对创意项目价值大小的评判依据主要有两个方面，分别是竞争性认知和可行性认知。对创意竞争力的识别有助于提高个体采纳和实施想法的意愿；当管理者对创意可行性持肯定态度时，则在一定程度上代表管理者对创意转化为商业产品或服务的认可和愿意为之付出努力的态度。对于渐进性创意而言，由于该类型创意更多是对现有技术、流程等的改进和完善，在可行性方面有较大的优势，组织无须大幅度改变组织流程，只须尽可能地利用组织现有优势资源。此时，竞争性是管理者筛选创意项目的关键点，当渐进性创意项目拥有的现实或潜在竞争力越强时，管理者采纳该想法的意愿越强。创意新颖性程度越高，其蕴含的技术优势和潜在发展能力越大，对内而言，新颖性高的渐进性创意能在组织已有框架内挖掘更大的获利可能，既可以搜寻新的细分领域或改进空间，又可以避免突破性创新带来的不确定性和风险。对外而言，改进后的技术能带来一定时间内的技术优势和独占价值，完善的流程亦能提高生产效率，降低成本和管理费用等。因此，对于渐进性创意而言，新颖性程度越高的创意，管理者感知到新想法的竞争力水平越高。但当新颖性过高时，即便是同一技术领域的想法，在实施和运用过程中也会遇到很大的阻碍，如施乐公司员工加里·斯塔科韦瑟提出激光打印机想法时，虽然同样是打印机技术，但该创意遭到了直属主管和其他部门经理的极力反对。主管认为激光打印机作为一种非冲击式打印机，不具备碳拷贝的典型特征，使用的纸张不是传统的 11*14 扇形纸张，其实施会影响甚至改变公司现有工作和流程。由此可见，新颖性程度过高的创意，管理者对其可行性感知度较低，不利于他们认可和采纳该想法。故本研究认为，管理者认知在渐进性创意的新颖性与创意采纳关系间起非线性传导的作用。

本研究属于非线性的中介作用，依旧采用传统的三步骤检验方法。由表 6-23 可见，自变量创意新颖性二次项与一次项对因变量创意采纳有显著影响。将创意新颖性的二次项、一次项、中介变量管理者认知和因变量创意采纳同时纳入模型时，管理者认知对创意采纳的回归系数显著。由此可见，管理者认知在新颖性与创意采纳关系间起非线性传导的作用。

表 6-23　管理者认知的中介作用（渐进性创意）

变　量	因变量：创意采纳			
	模型 6-1	模型 6-2	模型 6-3	模型 6-7
性别	0.154	0.127	0.111	0.108
年龄	0.016	0.027	0.025	0.033
受教育年限	0.066	0.062	0.068	0.090
职位	−0.068	−0.059	−0.035	−0.044
共事时长	0.029	−0.012	−0.049	−0.058
创新氛围	0.091★	0.083	0.081	−0.079
JJX		0.191★★	0.165★★	0.143★
JJX2			−0.255★	−0.219★
GLR				0.230★★

注：表中数据为标准化系数；★★★、★★、★分别表示在1%、5%和10%水平上显著。

4. 对于渐进性创意，创意倡导的最佳方式有何种变化

新颖性程度高的创意经常被组织拒绝，是因为它们往往与组织正在使用的方式、组织结构以及权益关系不匹配，容易受到员工的不解、管理者的质疑以及利益集团的抵制。本研究关注倡导行为对于管理者决策的影响作用，借鉴 Lee（2017）研究结果中得出的四种最有效的倡导方式：合理说服、咨询合作、鼓舞感召和寻求协作，探寻他们在创意过程中的作用和效果。

对于非线性关系的调节效用，考虑创意倡导四种方式的调节作用，创意新颖性与管理者认知的方程为 $M=a_0+a_1X+a_2X^2+a_3U+a_4XU+a_5X^2U$，由表 6-24 可见，创意新颖性二次项分别与合理说服、咨询合作、鼓舞感召以及寻求协作的交互项对于机会识别的回归系数为负且显著。对 X 求导，得斜率方程式为 $m=a_1+2a_2X+a_4U+2a_5XU$，进一步地，对 X 的二次项求导为 $m'=2a_2+2a_5U$。观察当 U=1 时，即采用高强度的四种方式时，创意新颖性与管理者认知之间的倒 U 型关系强度是否比当 U=0 时，即低强度的倡导行为更强烈（斜率更陡峭）。结果显示，当合理说服 U=1 时，四种倡导行为的曲线斜率（合理说服 =-1.764；咨询合作 =-1.334；鼓舞感召 =-1.478；寻求协作 =-0.91），其绝对值大于 U 为 0 的二次求导后的值（合理说服 =-0.5；咨询合作 =-0.878；鼓舞感召 =-0.91；寻求协作 =-0.54）。故当员工采取高说服力的倡导行为时，曲线左右两边的斜率将变得更加陡峭。

表 6-24 渐进性创意与管理者认知关系中不同倡导行为的调节作用

类 别	管理者认知					
	模型 6-8	模型 6-9	合理说服	咨询合作	鼓舞感召	寻求协作
性别	0.043	0.020	0.018	0.028	0.038	0.020
年龄	−0.035	−0.031	−0.037	−0.030	−0.019	−0.034
受教育年限	−0.098★★	−0.102★★	−0.095★★	−0.083★★	−0.072★	−0.090★
职位	0.020	0.023	0.028	0.026	0.025	0.026
共事时长	0.086★★	0.066★	0.052	0.051	0.029	0.056

续 表

类　别	管理者认知					
	模型 6-8	模型 6-9	合理说服	咨询合作	鼓舞感召	寻求协作
创新氛围	0.015	0.008	−0.006	0.015	0.035	0.011
JJX		0.119★★	0.115★★	0.127★★	0.176★★	0.146★★
JJX2			−0.250★★★	−0.439★★★	−0.455★★	−0.270★★
U			0.109★	0.101★	−0.053	0.016
JJX★U			0.011	0.142	−0.005	0.006
JJX2★U			−0.632★★★	−0.228★★★	−0.284★★	−0.185★★

注：表中数据为标准化系数：★★★、★★、★分别表示在1%、5%和10%水平上显著。

同理，观察创意新颖性二次项分别与创意倡导四种方式的乘积与创意采纳的回归系数发现，创意新颖性二次项分别与合理说服、咨询合作、鼓舞感召以及寻求协作的交互项对于机会识别的回归系数为负且显著。对 X 求导，得斜率方程式为 $m = a_1 + 2a_2X + a_4U + 2a_5XU$，进一步地，对 X 的二次项求导为 $m' = 2a_2 + 2a_5U$。观察当 U=1 时，即采用高强度的四种方式时，创意新颖性与管理者认知之间的倒 U 型关系强度是否比当 U=0 时，即低强度的倡导行为更强烈（斜率更陡峭）。结果显示，当合理说服 U=1 时，四种倡导行为的曲线斜率（合理说服 =−1.806; 咨询合作 =−1.478; 鼓舞感召 =−1.7; 寻求协作 =−1.234），其绝对值大于 U 为 0 的二次求导后的值（合理说服 =−0.65；咨询合作 =−1.1；鼓舞感召 =−1.058；寻求协作 =−0.692）。故当员工采取高说服力的倡导行为时，曲线左右两边的斜率将变得更加陡峭。

由实证结果可见，四种创意倡导方式对新颖性与创意采纳间关系的调节作用皆呈现显著增强作用（如表 6-25）。这与未划分创意类型的研究结果有一定的差异。在未区分渐进性与突破性创意之前，四种倡导方式中，咨询合作、鼓舞感召和寻求协作三种倡导行为对新颖性与创意采纳间关系的调节作用不显著。可能存在的原因是：咨询合作主要影响的是对管理者决策有关键影响的行为人，鼓舞感召主要影响的是组织中的员工，寻求协作主要影响的是员工的直线领导者，这三种倡导方式皆难以直接影响或改变组织的战略方向和主攻领域，因此难以对最终决策有关键影响力，而针对渐进性创意，它是在组织现有框架下的技术或流程改进，与组织战略发展方向和主营业务是一致的，不存在目标不一致和利益群体冲突等风险。因此，对于渐进性创意而言，由于其并不需要管理者改变现有的战略方向和主攻领域，咨询合作、鼓舞感召和寻求协作等倡导方式对于管理者的决策仍有重要影响作用。

表 6-25　渐进性创意与创意采纳关系中不同倡导行为的调节作用

类　别	创意采纳					
	模型 6-1	模型 6-2	合理说服	咨询合作	鼓舞感召	寻求协作
性别	0.154	0.127	0.123	0.112	0.142	0.154
年龄	0.016	0.027	0.032	0.026	0.025	0.039
受教育年限	0.066	0.062	0.078	0.095	0.074	0.092
职位	−0.068	−0.059	−0.055	−0.047	−0.058	−0.065
共事时长	0.029	−0.012	−0.047	−0.033	−0.038	−0.044
创新氛围	0.091★	0.083	0.066	0.110★★	0.074	−0.015
JJX		0.191★★	0.161★★	0.213★★	0.202★★	0.204★★
JJX2			−0.325★★★	−0.550★★★	−0.529★★★	−0.346★★★
GLR			0.135	0.134	0.157	0.169★
U			0.136	−0.040	0.124★	0.137★★
JJX★U			−0.005	0.236★★	−0.018	−0.051
JJX2★U			−0.578★★	−0.189★★	−0.321★★★	−0.271★★★

注：表中数据为标准化系数；★★★、★★、★分别表示在1%、5%和10%水平上显著。

四、结果讨论

（一）假设检验结果统计

本研究围绕创意为何难以被管理者采纳等问题展开研究，探索创意新颖性与创意采纳之间的关系机理和作用机制。具体关注三个方面的问题：首先，管理者是如何评价和筛选创意项目的？其次，为何管理者渴求新颖性高的创意却又往往拒绝它们？最后，员工可以采取什么方式提高创意被采纳的可能性？在结合详尽的理论分析和案例研究后，本研究指出新颖性是影响管理者采纳新想法的关键要素，通过构建理论模型并提出16条检验假设，对创意新颖性到创意采纳之间的关系机理等问题进行剖析。同时，通过对广东、北京、武汉等市51个项目团队、共51名领导和267位员工的问卷数据进行问卷匹配分析，研究结果显示（如表6-26所示），本研究所提出的16条假设中有13条得到验证，3条未得到支持，下面将对具体研究内容和结果进行解析和探讨。

表6-26　研究假设检验汇总

假设内容	检验结果
H1 创意新颖性与创意采纳之间存在倒U型关系	支持
H2 创意新颖性与管理者认知之间存在倒U型关系	支持
H2a 创意新颖性对管理者的竞争性认知有显著的积极影响	支持
H2b 创意新颖性对管理者的可行性认知有显著的消极影响	支持
H3 管理者认知对创意采纳有显著的积极影响	支持
H3a 管理者认可新想法具备竞争性对创意采纳有积极影响	支持
H3b 管理者认可新想法具备可行性对创意采纳有积极影响	支持
H4 管理者认知在创意新颖性与创意采纳之间起中介作用	支持
H5a 合理说服在创意新颖性与管理者认知之间起调节作用	支持
H5b 合理说服在创意新颖性与创意采纳之间起调节作用	支持
H6a 咨询合作在创意新颖性与管理者认知之间起调节作用	支持

续　表

假设内容	检验结果
H6b 咨询合作在创意新颖性与创意采纳之间起调节作用	不支持
H7a 鼓舞感召在创意新颖性与管理者认知之间起调节作用	支持
H7b 鼓舞感召在创意新颖性与创意采纳之间起调节作用	不支持
H8a 寻求协作在创意新颖性与管理者认知之间起调节作用	支持
H8b 寻求协作在创意新颖性与创意采纳之间起调节作用	不支持

（二）创意新颖性与创意采纳的影响分析

本研究关注组织创意采纳率低的问题，希望通过挖掘创意新颖性与创意采纳之间的关系，打开并挖掘其中的关键行为和影响机制。对于创意质量的衡量，现有研究一致从两个方面进行测度，它们分别是有用性和新颖性。其中，有用性是新想法获得采纳的必要条件，即有用性对创意采纳有积极影响，但不少学者指出，单独从有用性角度探讨创意对采纳的影响作用是不可靠的，新颖性才是创意具备创造力的关键（Campbell，1960；Guilford，1957；Shuye Lu et al.，2019）。新想法遭受怀疑和抵制，更多可能来自于管理者对创意新颖性的不确定性和不安全感。Diedrich（2015）通过实证研究表明，新颖性感知是创造力感知的首要因素，有用性是其次的；Chan（2018）则认为新颖性与创意采纳有负向影响关系；Škerlavaj 等（2014）则认为两者之间是曲线关系，过高或过低的新颖性皆不利于提高采纳可能性。与此类似，Criscuolo 等（2017）的研究结果印证了两者的曲线关系，他们发现，公司项目的经费审核通过率（即批准金额与申请金额的比例）与研发项目的新颖程度呈现倒 U 型关系。在此基础上，本研究亦认为创意新颖性与创意采纳之间呈现倒 U 型关系，并通过 51 位领导和 267 位员工的匹配问卷数据，实证研究证明并支持假设 H1，即适度新颖性的创意更容易获得管理者的认可和采纳。

在新颖性达到临界值之前，创意的新颖性水平越高，管理者越倾向于做出采纳的决策行为；而当新颖性超过临界值之后，创意的新颖性水平越高，管理者越容易做出拒绝创意的决策。对于形成倒 U 型现象的原因，本研究认为可以从两个方面去解释：第一，新颖性的高低实际上反映的是创意的创造力水平，亦是管理者期盼创意能为组织带来竞争力的潜在价值来源，因此，新颖性越高，意味着创意的创造力水平和潜在价值越高，管理者更可能从中识别出创意能带给组织的机遇和机会。但同时，创造力水平越高亦意味着风险性和不确定性越高，管理者在采纳和实施创意过程中不仅会面临市场的不确定性，还会遭受来自组织内部的阻力和质疑，更有甚者，可能会给组织带来挫败和损失。因此，过低和过高的新颖性水平皆不利于管理者识别和认可创意价值。第二，管理者有自我实现的需要和追求，他们基于自身对市场和技术的经验和把握，希望能识别和挖掘更多有利于组织发展的新想法和新渠道。因此，对于渐进性创意而言，新颖性越高，管理者的采纳偏好越强，但同时，管理者自身存在路径依赖和风险规避倾向，当创意新颖性超过一定范围后，新颖性越高，其采纳和实施后面临的风险性越高，挑战性越大。由于高新颖性的创意很大可能与现有的惯例和流程相区别甚至抵触，在实施创意过程中难以运用现有优势资源加以辅助，需要花费更多的人力物力构筑新的支撑和辅助系统。同时，原有的操作系统和关系网络亦无法有效发挥作用，需要重新培训员工和搭建新的平台和网络，这些工序都会带来巨大的成本和风险。高新颖性创意很可能面临高的失败风险，这对于管理者个人的仕途和声誉都会产生不利影响，亦是管理者拒绝高新颖性创意的重要原因。

（三）管理者认知的中介作用分析

新颖性是管理者感知创意创造力水平时最为核心的要素（Mueller et al.，2012；Shuye Lu et al.，2019），通过实证研究，我们发现创意新颖性对管理者采纳的影响呈现出先升后降的倒 U 型曲线关系。由 Haans（2016）研究表明，倒 U 型关系的本质是两种对抗机制的调谐机制，仅单纯得出两者呈现倒 U 型关系并没有实质性的意义，搜寻并剖析其中相互作用的两种机制是解析倒 U 型关系的关键（邢璐，孙健敏和尹奎等，2018）。因此，本研究基于管理者认知理论，认为管理者在对创意项目进行评价和筛选时，往往从两个方面进行评判：一是对创意竞争性价值的识别，即创意与组织内其他创意相比，甚至与组织外的创意相比，能在多大程度上为组织带来市场和技术竞争力；二是对创意可行性程度的评判，即在组织现有情景下，创意是否具备较高的可操作性、识别度和可接受度。由于自变量创意新颖性对中介变量两个路径即竞争性和可行性所起的影响作用方向相反，属于 Haans 研究中的第二种类型，即倒 U 型关系的本质是随着自变量水平的增加，两类因素的变化方向相反，从整体上形成增减交互效应，影响效用表现为两条潜在关系的乘积作用。具体而言，当自变量创意新颖性的水平增强时，管理者感知和识别到的创意竞争性水平会增强，但同时，管理者感知和评判出的创意可行性水平会减弱。当新颖性水平较低或较高时，竞争性和可行性水平一低一高，其交互效应产生的总影响力水平较弱，这种情况被邢璐等（2018）学者形象地描述为"有心无力"和"有力无心"的状态，而在新颖性适中的情形下，在临界点处才能实现"有心且有力"的最优状态。

通过实证研究表明，创意新颖性对管理者的竞争性认知有显著的积极影响，假设 H2a 得到验证；创意新颖性对管理者的可行性认知有显著的消极影响，假设 H2b 得到验证。同时，创意新颖性对管理者认知和创意采纳皆呈现显著的倒 U 型影响，假设 H2、H3 和 H4 得到验证。因此，创意新颖性对管理者认知和采纳创意的影响容易形成双重效应：一方面，当组织在面对瞬息万变的智能化、数字化和"互联网+"时代时，获得追赶技术和市场前沿的新颖性创意是管理者提高组织效能、开拓潜在市场和获得核心竞争力的重要机会；同时，伴随新颖创意而来的是高创造力的人才和更加密切的领导成员关系，在鼓励提高成员创造力的同时，管理者的创造力和鉴别水平亦能得到提高，最终有利于提高创意的采纳率。另一方面，基于管理者自身存在的路径依赖和不确定性规避态度，他们更倾向于回避和拒绝对新想法和创造性思维的承认；同时，管理者所在的角色和职能限制了管理者个人的发散思维，进一步限制了他们对创造力的评价（Berg，2016；Mueller，2018）。综合考虑双重叠加效果，创意新颖性对创意采纳的影响作用，取决于管理者所感知到的创意能为组织带来何种竞争性作用和可行性程度的差值。在新颖性到达临界点前，管理者感知到创意的竞争性优势大于可行性不足所带来的劣势，容易做出接纳创意的决策；当新颖性到达临界点后，管理者感知到创意可行性不足给组织带来的风险和危机感大于其可能的竞争性优势，往往做出拒绝创意的决策。因此，员工在向管理者展示创意项目时，单方面、过多地强调创意的竞争性优势或可行性水平，都不利于提高管理者对创意项目潜在价值的整体感知和采纳倾向。

（四）创意倡导的调节作用分析

创意新颖性对管理者认知和创意采纳呈现倒 U 型的影响效果，即在适度的新颖性范围之内，管理者感知到创意所带来的潜在价值和竞争力较高，进而会有较高的采纳倾向，但这一范围会受到边界条件的影响和制约，在员工不同的倡导行为和强度下可能存在不同的结果。本研究通过实证研究发现并证明了这一猜测，在不同的倡导行为影响下，创意新颖性对管理者认知和创意采纳的倒 U 型关系呈现出显著的差异性。

第一，合理说服行为对创意新颖性、管理者认知和创意采纳的调节作用：员工在向决策者汇报和展现创意项目，或是面对质疑者和反对项目者时，采取如下高说服力行为能对管理者认知创意价值并最终采纳这个创意有积极作用。如为决策者或质疑者提供详尽的报告说明新想法的可行性（运用更多的数据和图表生动形象地概括和说明）、将创意与有益于组织成长和发展的成果联系起来（列举创意对提高盈利能力、市场份额、组织形象和声誉等的作用）、开发一些样机或进行一些预演预售证明创意的可行性、用故事或事实证据阐明创意的潜在价值。在访谈过程当中，美的集团的技术专家曾表示，合理说服是创意倡导过程中最为关键和有效的行为，员工在汇报时展现的研究数据和结果，以及相关的可行性报告是筛选项目的重要评判依据，项目之间的对比也能更加直观和客观。在实证研究中，我们亦验证了这一观点，即高说服力的数据和解说行为，能为创意项目在与其他项目进行竞争和对比时提供更多的信息和依据。员工采取高说服力行为，强化了创意新颖性与管理者认知的关系（曲线左右两边更加陡峭，统计上表现为自变量的二次项与中介变量的交互项系数为负且显著），假设 H5a 得到验证。纵观整个创意过程，新颖性对创意采纳的影响亦受到合理说服的调节作用。当管理者感知并认同创意的潜在价值后，他们可能会基于组织现有的战略目标和主营业务，为求得组织整体发展的平稳，降低风险和成本，最终选择拒绝创意，而合理说服行为能通过挖掘创意与组织现有战略的潜在联系，以具体的方式描绘出公司业务发展新领域所包含的内容和意义，为新业务的成功采纳奠定基础（Noda and Bower，1996），最终提高创意的采纳可能性。因此，员工采取高说服力行为，强化了创意新颖性与创意采纳的关系（曲线左右两边更加陡峭，统计上表现为自变量的二次项与中介变量的交互项系数为负且显著），假设 H5b 得到验证。

第二，咨询合作行为对创意新颖性、管理者认知和创意采纳的调节作用：对创意决策有关键影响作用的人是员工需要尽力争取的对象，这些关键行为者包括管理者、同事、第三方咨询机构、技术专家等。员工通过正式或非正式的渠道向这些关键影响者展现和宣传创意项目，并通过咨询和合作的方式获得他们对创意项目的意见、建议及如何完善的方案，对于提高创意项目本身的可行性有重要参考价值。同时，在交流和沟通过程中，关键影响者对创意有更深的理解，在给出修订方案并完善创意后，他们会增加对创意项目的认可度和归属感，进而能更好地帮助管理者识别创意的潜在价值。因此，咨询合作行为对创意新颖性和管理者感知创意价值关系有显著的调节作用，即员工采取高咨询合作行为，强化了创意新颖性与创意采纳的关系（曲线左右两边更加陡峭，统计上表现为自变量的二次项与中介变量的交互项系数为负且显著），假设 H6a 得到验证。

咨询合作行为对创意新颖性与管理者认知之间的倒 U 型关系的调节作用不显著。可能存在的原因是：咨询合作的对象是管理者、同事、第三方咨询机构以及技术专家等，他们的意见和看法对于管理者感知和识别创意项目本身的价值有参考作用，但在决策过程当中，创意本身的价值只是管理者筛选创意的依据之一。在面对来自不同部门、不同技术和不同领域的创意想法时，管理者基于原有战略方向和愿景，更倾向于将组织资源投入与组织战略一致的项目中。与组织目标不一致的创意可能更满足新兴市场的顾客需求，但组织内部缺乏对相关创意价值评判和衡量的标准，也缺乏发展创意的技术和人才，对创意推进过程中可能面临的不确定性和挑战缺乏应急机制和处理办法。同时，发展新创意项目势必会减少组织在原有主营业务上的资源、技术和人力投入，如果新业务需要企业抛弃原有独特能力，则新业务难以获得组织高层的支持（Burgelman，1983）。因此，决策者很可能基于对未知领域风险性和复杂性的担忧，以及对核心业务可能造成的负面影响而做出非最优的资源决策（王益民，2004），并做出拒绝创意的决定。此时，管理者需要从组织整体战略和未来发展方向上做出综合考量，影响采纳决策的关键是组织的战略方向和主攻领域，而咨询合作所带来的影响力无法改变这两个要素的内容和方向。因此，咨询合作行为对创意新颖性与创意采纳关系的调节作用不显著，假设 H6b 不成立。

第三，鼓舞感召行为对创意新颖性、管理者认知和创意采纳的调节作用：鼓舞感召表达的内容主要是员工通过举办有关新想法的宣讲会来鼓舞人心，向管理者表达创意可能形成的效果和愿景，同时将创意与理想和价值观联系，提高管理者对创意价值的认同感和争取更多员工的支持。鼓舞感召的方式多种多样，可以是正式的活动（如正式宣讲会、主题报告等），也可以是非正式的活动（如路边宣传栏、茶歇、网络标语等），其根本目的是调动大家对创意项目的关注力，吸引并获得大家的认可和支持。不管是哪种方式，与受众形成与创意项目相关联的共同愿景是这一行为的关键。共同愿景能增强员工对创意项目的认同感、归属感和责任心，能更好地激发员工支持和执行创意的积极性。在获得员工支持的同时，让管理者从侧面了解创意项目的发展潜力和影响力，有利于提高管理者对创意价值的评价。因此，鼓舞感召行为对创意新颖性和管理者感知创意价值关系有显著的调节作用，即员工采取高鼓舞感召行为，强化了创意新颖性与创意采纳的关系（曲线左右两边更加陡峭，统计上表现为自变量的二次项与中介变量的交互项系数为负且显著），假设 H7a 得到验证。

鼓舞感召行为对创意新颖性与管理者认知之间的倒 U 型关系的调节作用不显著。可能存在的原因是：鼓舞感召的对象主要是员工，通过强调和突出创意项目对于实现组织和个人价值的重要性，建立与听众的情感联系，打动听众并获得支持。与咨询合作在创意新颖性与创意采纳关系中的调节作用相似，管理者在对众多创意项目进行筛选时，并非所有项目都能得到资助。管理者是有选择偏好和路径依赖的，他们通过设立竞争优先级的顺序，确保主营业务和战略目标方向的项目获得长足发展（Kim 和 Arnold，1996；Kim et al.，2014）。当创意与组织战略不一致时，往往会受到来自管理者的抵制，而鼓舞感召所形成的共同愿景和影响力并不能调整甚至改变组织战略方向。因此，鼓舞感召行为对创意新颖性与创意采纳关系的调节作用不显著，假设H7b 不成立。

　　第四，寻求协作行为对创意新颖性、管理者认知和创意采纳的调节作用：寻求协作行为的作用对象主要是员工的直线主管，通过将创意项目具体的实施步骤、可能遇到的困难和问题以及所需的资源等信息向管理者汇报，争取他们的协助和支持。从前文的研究结论得知，创意新颖性对管理者的竞争性认知存在正向影响作用，对管理者的可行性认知存在负向影响作用。由此可见，管理者对高新颖性创意项目的不安情绪主要来源于其可行性的不足。管理者对创意项目可行性的怀疑会导致很多问题，如管理者会对创意所带来的不确定性和风险产生不安感，对创意的阶段性目标和实现程度把握不足；管理者会对创意实施过程中的执行力和效果产生怀疑，对可能面临的困难和危机产生担忧甚至回避的态度；由于没有相关领域的实战经验，管理者缺乏提高创意可行性和执行力的渠道和方法，而寻求协作行为能有效缓解上述问题，员工可以通过将创意项目具体的实施步骤、可能达到的效果展现给管理者，缓解他们对创意发展不确定性的担忧。员工可以将创意执行过程中可能遇到的困难和问题详细罗列，让管理者对项目可能遇到的危机或挑战有一定的感知和心理准备，提高管理者对项目整体的掌控力。最后，向管理者详细汇报推进创意项目所需的帮助和资源，让管理者更清晰地了解他们对创意项目所起的作用和贡献，增强他们的参与度、归属感和自我实现感。因此，寻求协作行为对创意新颖性和管理者感知创意价值关系有显著的调节作用，高质量的寻求协作行为强化了创意新颖性与创意采纳的关系（曲线左右两边更加陡峭，统计上表现为自变量的二次项与中介变量的交互项系数为负且显著），假设 H8a 得到验证。

寻求协作行为对创意新颖性与管理者认知之间的倒 U 型关系的调节作用不显著。可能存在的原因是：寻求协作行为的对象主要是员工的直线管理者，通过向他们寻求支持和协作，提高直线管理者的参与度和掌控力，争取他们对创意项目的支持和帮助。与咨询合作、鼓舞感召行为类似，管理者在对众多创意项目进行筛选时，更多关注的是项目与现有战略方向和主攻领域的联系程度和助力大小。新颖性高的创意项目往往与现有的主营业务或领域有较大差异，需要组织调整现有结构甚至战略方向，而寻求协作行为只能提升直线管理者的掌控力和责任感，其影响力并不能调整甚至改变组织战略方向，因此，寻求协作行为对创意新颖性与创意采纳关系的调节作用不显著，假设 H8b 不成立。

（五）不同创意类型对创意新颖性与采纳意愿关系的影响

根据新颖性程度的不同，员工创意可以是微小的改进，亦可以是突破性的新发现，对于不同的创意类型，创意新颖性与管理者采纳意愿之间的影响路径和作用机理是否会有差异呢？为深入探索相关的问题，本研究在已有数据的基础上，针对创意的类型，将问卷数据分为两个子样本数据，分别是 194 份渐进性创意的数据以及 62 份突破性创意的数据。

实证研究发现，渐进性创意中，随着创意新颖性程度的提高，管理者采纳意愿并没有预想中那样呈现线性上升的趋势，而是呈现出倒 U 型曲线，即即便是在组织现有框架和战略导向下的创意项目，其新颖性水平过高也不容易被管理者认可和采纳。本研究认为，可以从两个方面去解释：第一，虽然渐进性创意是在现有框架体系内对技术、流程、绩效等内容的改进，但新颖性程度过高的创意项目，其实现途径本身就有难度，如施乐公司的员工 Alan Kay 在 PARC 的计算机科学实验室会议上提出研发个人计算机的想法时，就遭到了 CSL 实验室经理的反对。因为 PARC 的重点研究项目集中在大型计算机上，虽然都是计算机项目，但相关技术要求较高，成本比较大，同时与目前组织已有的项目（如机电文字处理器）有功能重复的地方，因此，管理者并不看好个人计算机能成形并实施。第二，即便是同一技术领域的想法，新颖性过高，员工在学习和操作过程中也会遇到很多问题，有很多执行成本和风险。如施乐公司员工 Starkweather 在提出研制激光打印机的想法时，他遇到了他的直属主管和其他组织单位的经理的阻力，其中一个重要原因是，激光打印机采用的纸张不是传统的 11×14 扇形纸张，员工使用前需重新培训，各种流程和规范也需要重新调整和制定。同时，激光打印机成本比普通复印机贵三倍，在人力和基础设施等成本的压力下，管理者并不容易接纳新颖性程度高的想法。同时，我们也检验了管理者认知在其间的中介作用，发现管理者认知在创意新颖性与创意采纳之间有显著的非线性传导作用。

但对于突破性创意，由于样本量数据太少，最终结果并没有显著地呈现创意新颖性与管理者采纳意愿之间关系的具体路径和方向，但能初步看出两者之间的系数有呈现负向关系的倾向，至于具体可能呈现什么情况，可以通过以后的深入研究继续探讨。

在调节作用方面，我们发现，对于渐进性创意，创意倡导的四种方式，即合理说服、咨询合作、鼓舞感召和寻求协作，它们在创意新颖性与管理者认知以及创意新颖性与创意采纳两对关系中都呈现显著的增强作用。在之前的研究中，我们发现，在管理者认知过程中，四种倡导方式的使用都有利于提高管理者对创意可行性和竞争性的感知和认同，但在形成一定印象后，咨询合作、鼓舞感召和寻求协作行为对于后续采纳意愿的影响就不显著了，即除了合理说服行为外，其他倡导行为难以改变管理者的决策倾向和偏好。但对于渐进性创意而言，管理者形成对新想法的认知前后的倡导行为都对最终决策有重要影响。

五、本章小结

本章通过大样本问卷调研的方式，共收集 51 个项目团队，51 名管理者和 267 名员工的匹配问卷数据，利用上述数据对本研究的理论模型和研究假设进行了检验。主要的研究内容为：（1）通过数据收集和描述性统计分析，对项目团队的创意特征、管理者的认知和行为进行分析；（2）运用SPSS21.0和Mplus8.0软件对样本数据的信度和效度进行检验，结果显示数据样本符合研究要求；（3）运用Mplus8.0软件对大样本调查获得的数据进行非线性的跨层次回归分析，研究结果验证了第四章提出的大部分假设；（4）最后对研究结果进行了分析和讨论。

第七章　研究结论与展望

在前六章的论述过程中，本研究对创意从产生到采纳过程的影响因素、关键行为者及其内在关系机理进行了较为深入的探索和分析，理清创意新颖性、管理者认知、创意倡导以及创意采纳之间的关系，并根据创意性质的不同，对上述关系进行了更为细致的讨论和分析。本章将对前文所做的研究及相关内容进行凝练和总结，阐述本研究的主要结论、理论贡献和管理启示，并对本研究存在的局限性进行说明，提出一些未来可能的研究方向和建议。

一、研究结论

越来越多的企业关注、提倡并采取多种形式激发和引导员工创新。如2000年，日本汽车巨头丰田公司设置创意提案制度，获得来自员工的合理化建议65万条；2008年至2015年七年间，安利（中国）建立的员工创意平台共收到超过5000名员工的三万多条创意；2014年，全球化学品供应商巴斯夫公司实行跨级、越级提议制度，落实员工创意23 000项，实现全球成本节约5300万欧元；2019年，食品饮料业巨头百事公司采纳4000多个员工创意，创造了6 000万人民币的效益……虽然越来越多的企业关注并通过采取各种宣传和措施激发创意，但创意数量提升的同时，创新却并未同步增长，创意采纳率很低。如上述案例中，安利公司七年间的创意孵化率仅为2.5%；英特尔2015年成立内部创新平台孵化员工创意，但五年的孵化率仅有0.8%；2018年日本企业管理顾问大前研一通过调研指出，创意采纳率在日本仅为0.1% ~ 0.3%。2021年，美的美云智数的科技明星兼研发经理指出，在美的这个比例是 0.1%。

员工创新，尤其是突破性创新，它的竞争优势和潜在价值往往很难被识别，同时，管理者存在有限理性和路径依赖，容易错判和低估创意的创造力和竞争力水平。好的员工创意由于没有得到管理者的积极评价而被拒绝或雪藏的故事比比皆是，企业错失良机的故事让人叹息，管理者是如何评价和筛选创意的？如何才能让管理者看到创意的潜在价值，提高创意的采纳可能性？为解决上述问题，本研究关注"为何管理者既渴求又往往拒绝新颖性程度高的创意"这一核心问题，同时深度思考"何种条件下，一个有用的、新颖的创意会被认可和采纳"，采用定性和定量研究相结合的方法，通过理论分析、探索性案例研究以及大样本问卷调查等一系列方法，挖掘创意过程中影响创意采纳率的关键要素和作用机理。

（1）新颖性是影响创意采纳率的关键要素，是体现创意创造性水平的核心测度指标。从创意本身出发，虽然员工产生创意的数量、质量和特性都会对创意采纳有重要影响，但创意新颖性是决策者评估和采纳创意最具挑战性的障碍。通过对现有研究的梳理和分析，本研究发现创意产生与创意采纳之间影响关系的研究，其结果存在较大分歧，有正相关关系（Somech 和 Drach Zahavy，2013；Walsh，2016），负相关关系（Baer，2012），以及"疏远"关系（张巍等，2015），学者们认为造成这一分歧的根源在于创意产生和创意采纳之间的关系机理尚未明晰（Perry Smith，2017；朱桂龙和温敏瑢，2020）。从创意本身的质量角度出发，学者们关注创意新颖性和有用性对于创意采纳的影响。其中，有用性被认为是创意想法具备创造性的必要条件，但并不是最为核心和关键的要素（Zhou et al.，2017），新颖性才是公认的组成创造力最关键的要素（Campbell，1960；Guilford，1957）。创意的有用性对创意采纳有正向影响，但新颖性对创意采纳的影响仍在探索当中。有学者基于技术不确定性角度，认为高度新颖的创意需要更多的信息收集工作，具备较高市场和技术不确定性，更不可能得到管理者的认可和采纳（Moenaert et al.，1995），Chan（2018）等基于可行性的角度，也得出类似的结论，即认为创意新颖性、可行性对创意采纳有负向影响关系。还有学者认为两者之间是曲线的关系（West，

Dionne，2002；Škerlavaj et al.，2014），即新颖性适度的创意被采纳的可能性高。本研究认为创意新颖性是表征和感知创意创造力水平的首要因素，并以此探索影响组织创意采纳的关键要素和相关机制。

（2）员工与管理者对新颖性价值的认知差异是造成创意供需不平衡的核心原因。新颖性和创造力往往是员工认为能为组织带来竞争优势的核心内容，而管理者基于主导逻辑和路径依赖，更关注与组织战略目标一致的项目。同时，管理者在决策时，并不单纯看创意本身的技术价值或市场价值，管理者需要将众多创意进行综合比较，观察的是创意之间的相对价值和优势，包括与组织内部创意的比较以及与组织外部创意的比较。因此，当创意的新颖性程度较低时，随着新颖性程度的上升，与组织内现有项目相比，创意具备更强的竞争潜力亦符合组织的战略目标，采纳可能性提高；当创意的新颖性程度较高时，创意本身的实现难度和实施风险较高，与组织内项目相比，风险性和可操作性较低，与组织外部项目相比，经验性和优势资源较少，竞争力较低，采纳可能性较低。鉴于此，于管理者而言，创意并非"多多益善"，随着新颖性程度的加剧，不确定性和风险性的负面影响持续增长，创意新颖性与创意采纳的作用关系不是普通的线性关系，而是复杂的倒 U 型关系。

（3）竞争性和可行性认知是管理者感知创意价值并影响最终决策意愿的核心对抗机制，管理者对创意既渴求又拒绝的矛盾心态亦根源于此。由本研究的实证结果证明，创意新颖性对竞争性认知有显著的正相关关系，对可行性认知有显著的负相关关系，管理者对新颖创意所蕴含的机会和潜在价值的感知，来源于对竞争性和可行性的综合评价。具体而言，当创意的新颖性较低时，管理者对创意可行性的认知和评价水平较高，但对创意的竞争性价值的认知和评价较低，两种潜在关系的乘积作用整体呈现较低的效果。同理，当创意的新颖性较高时，管理者对创意竞争性价值的认知和期待水平较高，但对创意可行性的认知和预判水平较低，两种潜在关系的乘积作用整体呈现较低的效果。只有当创意新颖性在适中水平时，管理者对创意的可行性和竞争性的评估都处于适中的水平，两种潜在关系的乘积达到临界点，结果最优。本研究跳出了已有从线性关系或单一机制探讨创意新颖性与采纳意愿之间影响关系的思路，在深化管理者认知的合理性结构维度基础上，剖析并指出创意新颖性与创意采纳之间呈现倒 U 型关系的核心原因。

（4）已有研究在管理者为何容易拒绝新颖性创意方面已获得较多成果，大部分文献均围绕着主效应及中介机制展开探讨，但对边界条件的探索非常有限。为响应 Yuel（2008，2010）、Parker（2006，2010）等学者号召学术界关注员工主动性行为对创新过程的影响作用，本研究探索并发现员工的倡导行为在影响管理者认知和采纳创意过程中有显著的正向强化作用，能有效提升管理者对创意的接纳度和容忍度。具体而言，采用合理说服的倡导方式能提高新颖性创意被管理者认可和采纳的可能性。本研究验证了不同的倡导方式对"创意新颖性—管理者认知"以及"创意新颖性—创意采纳"关系的调节作用。现有研究关注创意倡导对创新过程的重要影响作用，研究成果更多聚焦于探索创意倡导的理论基础和测量题项（Kipnis，1980；Yukl 和 Falbe，1990；Yukl，2008），以及影响倡导效果的因素（Axtell et al.，2000；张鹏程等，2018），对于创意倡导如何影响管理者决策的问题，虽然备受关注，但相关成果仍待进一步丰富（Howell and Shea，2006；刘明伟等，2019；朱桂龙，温敏瑢，2020）。本研究关注倡导行为对于管理者决策的影响作用，借鉴研究结果中得出的四种最有效的倡导方式：合理说服、咨询合作、鼓舞感召和寻求协作，探寻他们在创意过程中的作用和效果[①]。通过实证研究发现，四种倡导方式当中，只有合理说服行为对两个关系都有显著的增强作用。具体而言，合理说服行为通过用数据、图表和案例等方式，更为生动和具体地向管理者展现并阐述创意项目的可靠性、可行性和通用性；同时，说服行为还可以通过举例子和预演的方式，将创意与组织现有资源优势和主攻战略领地建立潜在联系，以具体的方式描绘创意对组织战略发展的重要作用，为新业务的成功采纳奠定基础，最终提高创意的采纳可能性。

采用咨询合作、鼓舞感召和寻求协作的倡导方式能提高管理者对新颖性创意价值和机会的感知和认可，但并不会显著影响管理者的采纳决策。以往

---

① Lee E., Puranam P. The implementation imperative: Why one should implement even imperfect strategies perfectly[J]. *Strategic Management Journal*, 2017，37(8)：529—1546.

的研究虽然有关注创意倡导的重要作用，但更多是将创意倡导看作一个整体，并未区分不同倡导行为可能对创意过程带来的差异化影响结果。本研究将倡导行为具体分为四种类型，并分别探讨不同类型的行为对创意过程的影响。研究结果显示，与合理说服相似，咨询合作、鼓舞感召和寻求协作三种倡导方式对管理者识别和感知创意的潜在价值和机会有显著的积极作用；但与合理说服不同，后三种倡导行为对创意采纳的影响作用不显著。可能存在的原因是：由于作用对象的不同，咨询合作主要影响的是对管理者决策有关键影响的行为人，鼓舞感召主要影响的是组织中的员工，寻求协作主要影响的是员工的直线领导者，而在最终决策过程中，影响管理者是否采纳创意的因素除了创意本身的价值和相对价值外，管理者需要从组织整体战略和未来发展方向上做出综合考量。咨询合作、鼓舞感召和寻求协作这三种倡导方式皆难以直接影响或改变组织的战略方向和主攻领域，因此难以对最终决策有关键影响力。因此，当创意与现有组织战略不一致甚至有冲突时，采取多种形式的倡导行为并不一定会带来积极的影响，反而会导致时间和资源的浪费，在不同的情境和需求下选取不同的倡导方式才能更有效地提高采纳可能性。上述研究结果进一步验证并深化了 Yukl（2008）、Lee（2017）等的观点。

二、 理论贡献

本研究聚焦创意从产生到采纳的作用机制，探讨了创意新颖性、管理者认知、创意采纳、创意倡导之间的关系。通过实证研究，证实了竞争性和可行性评价是管理者是否采纳新颖创意的重要依据和判决标准，而员工如何倡导和推广创意在前述关系中起调节作用，为创意过程的研究增添了新的视角和贡献。具体理论贡献如下。

（1）不同管理者在不同情境对创意新颖性和有用性的价值评价和权重配比有较大差异，而新颖性和有用性维度的权重变化会通过改变结构的意义而影响最终决策。因此，Montag 等（2012）强调今后的研究不能将新颖性与有用性看作一个模糊整体，只研究两者的组合对组织创新的影响，必须将这一黑箱打开，分别审查新颖性和有用性，以便明确研究适用于每个维度的权重，从而更准确地剖析创意。因此，本研究在深度辨析新颖性与有用性的区别和联系的基础上，指出新颖性是影响管理者采纳决策的最具挑战性的障碍。为深入探索新颖性影响管理者采纳意愿和支持行为的深层次逻辑和关系，本研究在理论研究和案例分析的基础上，以 51 份领导和 267 份员工的有效问卷为样本，运用跨层次结构方程模型的方法验证了新颖性与创意采纳的倒 U 型关系，并证明了管理者认知评价，即管理者对创意的竞争性和可行性认知是影响创意采纳的核心对抗机制。上述成果解释了以往学者在关注创意产生与创意采纳关系过程中，结果不一致的部分原因，即将创意新颖性与有用性作为统一整体时，由于管理者对两者赋予权重的比例各不相同，实际上研究的关系可能存在"有用性—创意采纳"和"新颖性—创意采纳"的区别。同时，对于有用性而言，有用性越大，采纳意愿越高，这并不是导致管理者既渴求又拒绝创意矛盾心理的核心影响机制。因此，本研究重新强调创意新颖性在管理者决策中的重要影响作用，并验证了新颖性与创意采纳之间的影响机理和边界条件。

（2）管理者作为创意采纳的决策者，他们对创意价值的认知和评价在决策过程中起关键作用，但以往研究更多关注管理者的决策偏好和路径依赖，对管理者认知过程的矛盾心态和核心机制知之甚少。本研究在梳理管理者认知的现有成果基础上，详细分析和归纳了管理者认知理论发展的四阶段内容，并指出，目前该领域的研究关注特定情境中管理者认知的具体维度和内容，并以此剖析不同情境当中管理者决策的关键影响机制。本研究认为，基于消费者需求，服务创新领域的研究更关注创意能否强化顾客情感承诺和价值认可（竞争力）；基于开拓市场的需要，创业领域的研究更关注创意在市场中的可行性和盈利性水平；基于战略管理的需要，管理者更关注创意的战略一致性（可行性）和核心竞争力。本研究聚焦创意从产生到采纳的过程，关注管理者对新颖性创意的采纳意愿和支持力度，既关注创意的价值（包括竞争力和盈利性），又关注创意的可行性（战略一致性、易用性、适用性等），这些评价指标间存在对立性和复杂性，导致管理者对创意往往存在既爱又恨的矛盾心态。本研究通过实证研究证明，竞争性和可行性认知是管理者采纳创意过程中的核心对抗机制，解释了管理者对新颖性创意既渴求又拒绝的矛盾心态的作用机理和边界条件，丰富了相关领域的研究成果。

（3）现有研究对创意采纳过程边界条件的探索十分有限，在影响因素方面，更多考虑的是组织创新氛围、管理者特质、创新者特质和经验以及员工与管理者关系的要素，少有研究关注员工主动性行为对采纳过程的重要影响作用。当前，越来越多的研究关注并强调员工主动性行为对组织管理和发展的重要作用（Yuel，2008，2010；Parker，2006，2010）。创新研究中，不少文章提到创意倡导作为重要的员工主动性行为，对组织发展有重要促进作用，部分文献还强调了创意倡导对创新过程的重要作用，如 1990 年 Howell 提出了倡导对实施的重要性，1994 年强调了倡导行为对绩效的重要性，2004 年提到了创意倡导是创意产生之后，为创意采纳和实施创造有利条件的关键行为，2017 年，Perry Smith 也强调了这一作用，但上述的文献都没有从实证的角度对这一关系进行验证。本研究基于向上影响策略理论和议题销售理论，将员工倡导行为归纳为鼓舞感召、咨询合作、寻求协作和合理说服四个方面，并用实证研究的方法证明了员工的倡导行为能有利于管理者深入了解创意项目的价值和可操作性。研究结果进一步验证并深化了 Yukl（2008）、Lee（2017）等的观点。

三、管理启示与建议

本研究对组织创新有重要实践意义。

（一）员工创意既要用"新"，也要用心

员工（创新者）与管理者在评价创意价值时有不一样的评价标准，其认知和衡量过程存在差异，员工更多关注的是创意的绝对价值，而管理者关注的是相对价值。管理者对新颖创意所蕴含的机会和潜在价值的感知来源于对竞争性和可行性的综合评价。管理者需要将众多创意进行综合比较，观察的

是创意之间的相对价值和优势。因此，员工在产生和倡导创意时，一味强调创意的独特性和独创性并不是获得管理者认可的最佳渠道。借鉴搜狗浏览器王小川的做法，在了解组织现有战略发展方向（即关注如何增加搜索业务受众和业绩）的基础上，将创意项目（浏览器开发）与促进战略实现相结合（提出输入法＋搜索＋浏览器"三级火箭"盈利模式）。同时，完善和提升创意项目本身的可操作性和可实现性（如增加不卡不死、教育网加速等特色功能），进一步提升项目的可行性和适用性，让管理者深入了解其价值，提高采纳可能性。

（二）努力积攒，方能获"力"促成

员工的创意倡导过程实质上是一个寻求协作、建立联盟、谈判和游说的社会政治过程。员工可以用多种数据证明想法的价值和可行性，同时通过与同事、管理者、下级的沟通和交流，在与同事的交流中完善和发展想法（提高胜任力），在与下级的交流中提升他们对创意的实操能力（增强执行力），在与管理者的沟通中增强他们对创意的理解和认可，进一步提高他们对创意的好感和采纳倾向（获取支持力）。最终有效地减少由于管理者个人决策偏好和倾向带来的认知偏差和选择性注意问题。本研究实证结果显示，不同类型的倡导行为有不同的适用阶段，对管理者认知和创意采纳决策有差异化的影响效果，员工在发挥主动性倡导创意的同时，必须注重方式方法和时机。采用合理说服的倡导方式能提高新颖性创意被管理者认可和采纳的可能性，但咨询合作、鼓舞感召和寻求协作的倡导方式能提高管理者对新颖性创意价值和机会的感知和认可，但并不会显著影响管理者的采纳决策。因此，当创意与现有组织战略不一致甚至有冲突时，采取多种形式的倡导行为并不一定带来积极的影响，反而会导致时间和资源的浪费，在不同的情境和需求下选取不同的倡导方式才能更有效地提高采纳可能性。

（三）管理者决策，须避免过度"奋进"或过度"谨慎"

管理者对创意进行筛选和做出采纳决策的本质是一种资源分配的过程，如何在现有项目和新兴业务之间进行决策以实现内部平衡和决策最优？管理者可以从两个方面进行评价，一是对创意项目的竞争性情况进行评价；二是对创意项目的可行性情况进行考量。竞争性评价是凸显创意潜在价值和核心优势的指引性线索，管理者通过对创意外在和内在竞争性进行预测和评估，判断其可能的发展机会，进而选择对项目进行资源分配或及时止损。可行性评价是一个重要的启发性线索，管理者基于技术可行性和内部易用性等方面对其使用性和适用性价值进行考量，能起到简化决策过程以及风险规避的作用。本研究结果显示，虽然管理者对创意项目的竞争性认知和可行性认知皆对采纳意愿有正向影响关系，但与竞争性强、可行性弱以及竞争性弱、可行性强的项目相比，竞争性和可行性平衡且较高时，创意对于组织而言价值最高。

（四）管理者须时刻保持创造力和警惕性

柯达的失败根源于管理者自身对胶片市场的盲目坚守和对数码市场的低灵敏度，一方面，具备高创造力的管理者能识别和感知创意的潜在价值和竞争优势，能更好更准确地预判技术发展的路径和方向；另一方面，对市场动态具备高警觉性的管理者对市场需求和技术发展有更高的灵敏度和反应力，更有利于组织在瞬息万变的市场中把握技术变革的微弱信号，进而获得组织发展的有利契机。因此，管理者须时刻保持创造力，即通过与员工保持密切联系，多接纳新的知识和理念，勇于和敢于跳出主导逻辑和舒适圈，提升自身对市场机会的警觉性和敏感度。同时，管理者也须保持警惕性，在允许员工努力倡导和推广创意的同时，注意越轨创新可能带来的影响和不确定因素，对市场动态时刻保持清醒认知和长期警觉。

四、 研究局限与展望

（一）研究局限

本研究通过对创意新颖性、管理者认知、创意倡导和创意采纳关系的研究，丰富了创意新颖性与创意采纳关系研究的相关成果，对创意过程的相关研究和理论发展作出了有益的补充和拓展，同时，研究结论具备一定的实践启示。囿于时间与能力限制，本研究仍存在如下局限性。

1. 问卷派发的地域限制。由于时间和人力限制，本研究的样本数据大多来源于广东省，少部分来自武汉、北京。问卷派发过程中主要采取问卷星电子链接和纸质版问卷两种方式，其中，电子链接方式获得数据数量和质量较纸质版而言差，而纸质版问卷派发的方式中，实地派发比邮寄派发的质量更好。但由于疫情的关系，在问卷派发过程中，无法做到全部采取实地派发纸质版问卷并及时回复问题，因此，答卷质量上也有一定程度的降低。同时，虽然广东省的创新创业实战经验具有典型性、代表性和前瞻性，但研究结论的普适性可能会受到影响，未来的研究可以扩大地域范围进行进一步的验证。

2. 本研究主要是从静态视角探究创意新颖性与创意采纳之间的关系机理，并未从动态演进的视角展开研究。随着员工个人能力的提升和经验的积淀，管理者对他们提出的新颖性创意的态度也会有所改变，同时，评价的标准和侧重点也会根据以往的经验和能力进行个性化调整。管理者个人的经验和能力在长期决策过程中也会发生变化和转变，随着管理者知识能力水平的提升，在位时间的增加，他们看待新颖性创意价值时，是会由于路径依赖而更偏向拒绝，还是会由于把握更多前沿知识，更能识别创意价值而偏向采纳？未来可以拓宽类似的思路，从动态的角度挖掘和剖析创意过程可能发生的变化和影响关系。

3. 本研究是从创意新颖性的整体程度来测度和衡量创意的创造力水平。在跨案例研究的过程中，我们发现，根据主营业务和技术距离的不同，可以将创意新颖性细化为四种类型的创意，分别是主营业务内与现有技术距离近、主营业务外与现有技术距离近、主营业务内与现有技术距离远以及主营业务外与现有技术距离远。这四种类型的创意项目，管理者对他们的价值评价和机会识别态度如何？主营业务外但技术距离近与主营业务内但技术距离远这两种创意到底哪一种更受到管理者的青睐？这些问题都是值得研究的，但由于数据量的问题，本研究未能针对这四种细分类别进行深入探讨和分析，未来的研究可以尝试对新颖性的程度和类型进行细分。同时，突破性创意与创意采纳的关系研究也因为问卷数量较少的可能原因，无法深入探寻相关的影响关系和机理。日后的研究中可以通过增加数据量，同时深化上述两种思路的研究内容。

（二）未来研究展望

本研究在前文的理论梳理、案例探索、逻辑推导和实证研究基础上，对创意过程中，创意新颖性、管理者认知、创意采纳以及创意倡导的影响关系做出深入研究，并指出多个未来需要研究和探索的议题，具体如下：

1. 管理者和团队方面的影响因素研究

管理者特质和支持、团队协调和分工等内容对创新有重要作用，目前很少研究会考虑管理者类型和层次的差异性对创新过程的影响，如基于资源配置理论，高层管理者主要负责公司的战略资源配置，能起到诱导创新过程并制定企业创新优先级顺序的作用，一线管理者主要是资源搜索和资源获取的角色，而中层管理者则肩负着资源配置和资源搜索的承上启下职责。因此，在创新过程的不同阶段，不同层级的管理者发挥着差异化的作用，仅将管理者看作单一维度的变量来探讨其对创新过程的影响并不科学。团队因素对创新的影响研究已获得丰硕成果，但其对创意从产生到实施过程的影响研究却十分有限，希望未来可以丰富这一领域的内容。

2. 组织因素对"管理者认知—创意采纳"路径的影响

创意倡导在本研究中更多体现的是通过倡导的行为，员工可以增加创意被采纳的可能性。但现实情境当中，那些倡导了但仍被拒绝的大多数创意项目，他们的失败经历缘起何由？还有哪些问题和影响因素需要重点关注？在管理者认知与创意采纳之间的关系研究过程中，创意倡导的影响效果不佳，可能的原因是这个过程当中，管理者已对项目价值有一定了解，影响决策的要素更多是主导逻辑、创新氛围等组织因素。本研究主要从员工与管理者互动的视角出发，关注创意特性、管理者认知、员工的倡导行为对创意采纳的影响机理，对于组织层面的一些因素的影响作用，采取了控制变量的方式以达到简化研究问题的作用。在日后的研究中，我们可以进一步细化和剖析这些影响因素对创意过程的作用和效果，以挖掘出更多有趣的观点和结论。

3. 复合影响因素对创意采纳过程的组合影响

复合影响指的是探索两个或两个以上的影响因素对创意新颖性和创意采纳过程的调节作用，运用二维、三维交互效应等分析方法，研究多个影响因素对创新过程的组合影响效果。张巍等在 Baer 的基础上，探索公平感知（个体意愿）和齐美尔联结（个体网络能力）对创新过程的共同影响作用，发现，与拥有较低公平感知与较少齐美尔联结的个体相比，那些拥有较高公平感知和较多齐美尔联结的个体最有可能将他们的创意转化为创新成果[①]。日后的研究可以在此基础上，探索更多的复合影响因素可能促成的差异化影响效果。

4. 创意过程的跨层次研究

创意过程是一个涉及个体、团队以及组织的复杂问题，目前对创意产生和创意采纳问题的研究更多是将个体和组织层面的研究分开，从不同角度挖掘创意过程各个阶段的影响关系及可能的影响因素。但对于个体—团队—组织的跨层次研究还存在一定的研究空间，鉴于此，未来可以从四个角度开展跨层次的研究：一是个体—团队视角，即探索单个员工的想法和建议如何被团队采纳并付诸实施的过程；二是团队—个体视角，即团队的工作和变化如何促进个体的创意产生；三是团队—组织视角，即团队创新如何上升到组织层面，成为组织的战略部署；四是组织—团队视角，即组织的氛围、文化等如何促进团队产生创意或采纳创意。

---

① 张巍，任浩，曲怡颖.从创意到创新:公平感知与齐美尔联结的作用[J].科学学研究，2015，33(11)：1621—1633.

参考文献

[1] 马庆国，管理统计 [M]. 北京 : 科学出版社，2002.

[2] 李怀祖，管理研究方法论 [M]. 西安：西安交通大学出版社，2004.

[3] 吴明隆. 结构方程模型: AMOS 的操作与应用[M]. 重庆: 重庆大学出版社，2009.

[4] 罗伯特·K. 殷. 案例研究设计与方法 [M]. 周海涛，译. 第 4 版. 重庆：重庆大学出版社，2010.

[5 陈晓萍，徐淑英，樊景立. 组织与管理研究的实证方法 [M]. 北京：北京大学出版社，2012.

[6] 河濑诚. 在公司内部创业：新业务开发启蒙手册 [M]. 雷诺，译. 北京：清华大学出版社，2018.

[7] 陈国权，李赞斌. 学习型组织中的"学习主体"类型和案例研究 [J]. 管理科学学报，2002，5(4)：51–67.

[8] 黄四林，林崇德，王益文. 创造力内隐理论研究：源起与现状 [J]. 心理科学进展，2005，13(6)：715–720.

[9] 项保华，张建东. 案例研究方法和战略管理研究 [J]. 自然辩证法通讯，2005，27(5)：62–66.

[10] 卢小君，张国梁. 工作动机对个人创新行为的影响研究 [J]. 软科学，2007(6)：124–127.

[11] 黄江明，李亮，王伟. 案例研究：从好的故事到好的理论：中国企业管理案例与理论构建研究论坛 (2010) 综述 [J]. 管理世界，2011(2)：118–126.

[12] 刘万利，胡培，许昆鹏. 创业机会真能促进创业意愿产生吗——基于

创业自我效能与感知风险的混合效应研究 [J]. 南开管理评论，2011，14(5)：83—90.

[13] 丛龙峰，杨斌. 论战略人力资源管理对战略形成的影响 [J]. 管理学报，2012，9(11)：1616—1626.

[14] 方杰，张敏强，顾红磊，等. 基于不对称区间估计的有调节的中介模型检验 [J]. 心理科学进展，2014，22(10)：1660—1668.

[15] 顾远东，周文莉，彭纪生. 组织支持感对研发人员创新行为的影响机制研究 [J]. 管理科学，2014，27(1)：109—119.

[16] 马鸿佳，董保宝，葛宝山. 创业能力，动态能力与企业竞争优势的关系研究 [J]. 科学研究，2014，32(3)：431—440.

[17] 尚航标，李卫宁，黄培伦. 两类环境中的管理认知与战略变革关系研究 [J]. 科技管理研究，2014，34(11)：167—175.

[18] 张勇，龙立荣，贺伟. 绩效薪酬对员工突破性创造力和渐进性创造力的影响 [J]. 心理学报，2014，46(12)：1880—1896.

[19] 陈晨，时勘，陆佳芳. 变革型领导与创新行为：一个被调节的中介作用模型 [J]. 管理科学，2015，28(4)：11—22.

[20] 董保宝，周晓月. 网络导向，创业能力与新企业竞争优势———一个交互效应模型及其启示 [J]. 南方经济，2015(1)：37—53.

[21] 刘新梅，韩骁，白杨. 创造想法产生与实施能力的创新路径分析 [J]. 科技进步与对策，2015，32(10)：14—19.

[22] 余传鹏，张振刚. 异质知识源对中小微企业管理创新采纳与实施的影响研究 [J]. 科学学与科学技术管理，2015，36(2)：92—100.

[23] 毛基业，苏芳. 案例研究的理论贡献——中国企业管理案例与质性研究论坛（2015）综述 [J]. 管理世界，2016(2)：128—132.

[24] 张秀娥，祁伟宏，李泽卉. 创业者经验对创业机会识别的影响机制研究 [J]. 科学学研究，2017，35(3)：419—427.

[25] 孟东辉，李显君，梅亮，等. 核心技术解构与突破:"清华—绿控" AMT 技术 2006—2016 年纵向案例研究 [J]. 科研管理，2018，39(6)：75—84.

[26] 万杰，温忠麟．基于结构方程模型的有调节的中介效应分析 [J]. 心理科学，2018，41(2)：453—458.

[27] 邢璐，孙健敏，尹奎，等．"过犹不及"效应及其作用机制 [J]. 心理科学进展，2018，26 (4)：153—164.

[28] 张军，许庆瑞．管理者认知特征与企业创新能力关系研究 [J]. 科研管理，2018，39(4)：1—9.

[29] 张鹏程，蒋美琴，李菊，等．领导权力分享对个体创意倡导的双刃剑效应研究 [J]. 管理科学，2018，31(3)：40—50.

[30] 刘明伟，张文文，张鹏程．聚沙成塔：员工创造力如何转化为团队创新 [J]. 管理科学，2019，32(3)：72—83.

[31] 朱桂龙，温敏瑢．从创意产生到创意实施：创意研究评述 [J]. 科学学与科学技术管理，2020，41(5)：69—88.

[32] 邓新明，刘禹，龙贤义，等．管理者认知视角的环境动态性与组织战略变革关系研究 [J]. 南开管理评论，2021(1)：62—73.

[33] 朱桂龙，温敏瑢，王萧萧．从创意产生到创意采纳：员工创意过程分析框架构建 [J]. 外国经济与管理，2021，43(4)：123—135.

[34] 王益民．战略演变的制度基础观 [D]. 上海：复旦大学，2004.

[35] 王黎萤．研发团队创造气氛、共享心智模型与团队创造力研究 [D]. 杭州：浙江大学，2009.

[36] 王勃．创业学习对新创企业绩效的作用机制研究 [D]. 长春：吉林大学，2019.

[37] 邹纯龙．员工越轨创新行为的结构测量、形成机制及作用效果 [D]. 长春：吉林大学，2020.

[38]Osborn A.F. *Applied Imagination: Principles and Procedures of Creative Thinking*[M].New York: Charles Scribner's Sons, 1953.

[39]Kirton M.J. *Adaptors and Innovators*[M].New York: Routledge, 1989.

[40]Pedhazur, E.J., Schmelkin, L.P. *Measurement, Design, and Analysis: an Integrated Approach*[M].New Jersey: Lawrence Erlbaum Associates Inc, 1991.

[41]Burt R.S. *Structural holes: The Social Structure of Competition*[M]. Cambridge, MA: Harvard University Press, 1992.

[42]Floyd S.W., Wooldridge, B.J. *The Strategic Middle Manager*[M].San Francisco: Jossey Bass publishers, 1994.

[43]Nonaka I., Takeuchi H. *The Knowledge Creating Company: How Japanese Companies Create eh Dynamics of Innovation*[M].Oxford: Oxford University Press, 1995.

[44]Amabile T.M. *Creativity in Context*[M].Boulder, CO: Westview Press, 1996.

[45]Hirshberg J. *The Creative Priority: Driving Innovative Business in the Real World*[M].New York, NY: Harper Business, 1998.

[46]Zhou, J., Woodman, R.W. *Managers Recognition of Employees Creative Ideas*[M].In Shavinina, Y. (Ed.), International handbook on innovation. Amsterdam: Elsevier Science Ltd, 2003：631—640.

[47]Yin, R.K. *Case Study Research: Design and Methods*[M].3rd ed. Thousand Oaks, CA: Sage Publications, 2003.

[48]Chesterton G.K. *The Return of Don Quixote. House of Stratus*[M].Kelly Bray: Cornwall UK, 2008.

[49]Mueller J.S. *Creative Change: Why we Resist It... How we Can Embrace It*[M].Boston: Houghton Mifflin Harcourt, 2017.

[50]Yin, R.K. *Case Study Research: Design and Methods*[M].5th ed. Thousand Oaks, CA: Sage Publications, 2014.

[51]Wilson R.C., Guilford J.P., Christensen P.R. The Measurement of Individual Differences in Originality[J].*Psychological Bulletin*, 1953, 50(5)：362—370.

[52]Guilford J.P. Creative Abilities in the Arts[J].*Psychological Review*, 1957, 64(2)：110—118.

[53]Campbell D.T. .Blind Variation and Selective Retentions in Creative Thought as in Other Knowledge Processes[J].*Psychological Review*, 1960, 67(6)：380.

[54]Wallach M.A., Kogan N. Modes of Thinking in Young Children: A Study of

the Creativity Intelligence Distinction[J]. *Archives of General Psychiatry*, 1965(3): 329—331.

[55]Kirton M. Adaptors and Innovators: A description and Measure[J]. *Journal of applied psychology*, 1976, 61(5): 622—629.

[56]Milgram R.M. Creative Thinking and Creative Performance in Israeli Students[J]. *Journal of Educational Psychology*, 1976, 68(3): 255‐259.

[57]Hedberg B., Jonsson S.A.Strategy Formulation as a Discontinuous Process[J]. *International Studies of Management and Organization*, 1977, 7(2): 88—109.

[58]Churchill Jr.G.A. A Paradigm For Developing Better Measures of Marketing Constructs[J]. *Journal of Marketing Research*, 1979, 16(1): 64—73.

[59]Kipnis D., Schmidt S.M., Wilkinson I. Intraorganizational Influence Tactics: Explorations in Getting One's Way[J]. *Journal of Applied Psychology*, 1980, 65(4): 440—452.

[60]James L.R., Wolf G., Demaree R.G.. Estimating Interrater Reliability in Incomplete Designs[J].*Journal of Applied Psychology*, 1981: 1939 —1854.

[61]Deshpande R., Zaltman G. Factors Affecting the use of Market Research Information: A Path Analysis[J].*Journal of Marketing Research*, 1982, 19(1): 14—31.

[62]Amabile T.M.The Social Psychology of Creativity:A Componential Conceptualization[J]. *Journal of Personality and Social Psychology*, 1983, 45(2): 357—376.

[63]Burgelman R.A..A Process Model of Internal Corporate Venturing in the Diversified Major Firm[J]. *Administrative Science Quarterly*, 1983, 28(2): 223—244.

[64]Ven V.D., Andrew H. Central Problems in the Management of Innovation[J]. *Management Science*, 1986, 32(5): 590 — 607.

[65]Dutton J.E., Jackson S.E..Categorizing Strategic Issues: Links to Organizational Action[J].*The Academy of Management Review*, 1987, 12(1): 76—90.

[66]Simon H.A..Making Management Decisions: The Role of Intuition and Emotion[J].*The Academy of Management Perspectives*,1987,1(1)：57—64.

[67]Amabile T.M..A Model of Creativity and Innovation in Organizations[J]. *Research in Organizational Behavior*, 1988, 10(1)：123—167.

[68]Damanpour, F. Innovation Type, Radicalness, and the Adoption Process[J]. *Communication Research*, 1988, 15(5)：545—567.

[69]Kanter R. When a Thousand Flowers Bloom: Structural, Collective, and Social Conditions for Innovations in Organizations[J]. *Research in Organizational Behavior*, 1988, 10: 169—211.

[70]Mumford M.D., Gustafson S.B..Creativity Syndrome: Integration, Application, and Innovation[J]. *Psychological Bulletin*, 1988,103: 27—43.

[71]Davis F.D..Perceived Usefulness, and User Acceptance of Information Technology[J].*MIS Quarterly*, 1989, 13(3)：319—340.

[72]Eisenhardt K.M..Building Theories From Case Study Research[J].*The Academy of Management Review*, 1989, 14(4)：532—550.

[73]Higgins H.C.A..Champions of Technological Innovation[J].*Administrative Science Quarterly*, 1990, 35(2)：317—341.

[74]Schriesheim C.A., Hinkin T.R..Influence Tactics Used by Subordinates: A Theoretical and Empirical Analysis and Refinement of the Kipnis, Schmidt, and Wilkinson Subscales[J].*Journal of Applied Psychology*, 1990, 75(3)：246—257.

[75]March J.G. Exploration and Exploitation in Organizational learning[J]. *Organization Science*, 1991, 2(1)：71—87.

[76]Gallupe R.B., Dennis A.R., Cooper W.H., et al. Electronic Brainstorming and Group Size[J].*The Academy of Management Journal*, 1992, 35(2)：350—369.

[77]Runco M.A., Smith W.R..Interpersonal and Intrapersonal Evaluations of Creative Ideas[J].*Personality & Individual Differences*, 1992, 13(3)：295—302.

[78]Jaworski B.J., Kohli A.K..Market Orientation: Antecedents and Consequences[J]. *Journal of Marketing*, 1993,17(57)：53—70.

[79]Runco M.A., Charles R.E.. Judgments of Originality and Appropriateness as Predictors of Creativity[J]. *Personality & Individual Differences*, 1993, 15(5): 537—546.

[80]Woodman R.W., Sawyer J.E., Griffin R.W.. Toward a Theory of Organizational Creativity[J]. *Academy of Management Review*, 1993, 18(2): 293—321.

[81]Maccrimmon K.R., Wagner C. Stimulating Ideas Through Creative Software[J].*Management Science*, 1994, 40(11): 1514—1532.

[82]Nagasundaram M., Bostrom R.P. The Structuring of Creative Processes Using gss: a Framework for Research[J].*Journal of Management Information Systems*, 1994, 11(3), 87—114.

[83]Scott S.G., Bruce R.A.. Determinants of Innovative Behaviour: a Path Model of Individual Innovation in the Workplace[J]. *Academy of Management Journal*, 1994, 37(3): 580 — 607.

[84]Ward T.B.. Structured Imagination: The Role of Category Structure in Exemplar Generation[J].*Cognitive Psychology*, 1994, 27(1): 1—40.

[85]Yan, M., Gray, B. Bargaining Power, Management Control, and Performance in United States China Joint Ventures: A Comparative Case Study[J]. *Academy of Management Journal*, 1994, 37(6): 1478—1517.

[86]Frost P.J., Egri C.P.. The Political Process of Innovation[J].*Research in Organizational Behavior*, 1995, 13: 229—295.

[87]Amabile T.M., Conti R., Coon H., et al. Assessing the Work Environment for Creativity[J]. *Academy of Management journal*, 1996, 39(5): 1154—1184.

[88]Ford C.M. A Theory of Individual Creative Action in Multiple Social Domains[J].*The Academy of Management Review*, 1996, 21(4): 1112—1142.

[89]Sosik J.J., Avolio B.J., Kahai S.S.. Effects of leadership Style and Anonymity on Group Potency and Effectiveness in a Group Decision Support System Environment[J].*Journal of Applied Psychology*, 1997, 82(1): 89—103.

[90]Spiel C., Von Korff C. Implicit Theories of Creativity: the Conceptions of

Politicians, Scientists, Artists and School Teachers[J].*High Ability Studies*, 1998, 9(1)：43—58.

[91]Axtell C.M., Holman D.J., Unworth K.L., et al. Shopfloor Innovation: Facilitating the Suggestion and Implementation of Ideas[J]. *Journal of Occupational and Organizational Psychology*, 2000, 73(3)：265—285.

[92]Floyd S.W., Lane P.J.. Strategizing Throughout the Organization: Managing Role Conflict in Strategic Renewal[J]. *Academy of Management Review*, 2000, 25(1)：154—177.

[93]Janssen O. Job Demands, Perceptions of Effort Reward fairness and Innovative Work Behaviour[J].*Journal of Occupational & Organizational Psychology*, 2000, 73(3)：287—302.

[94]Simonton D.K. Creativity: Cognitive, Personal, Developmental, and Social Aspects[J]. *American Psychologist*, 2000, 55(1)：151—158.

[95]Sørensen J.B.,Stuart T.E.. Aging, Obsolescence, and organizational innovation[J].*Administrative Science Quarterly*, 2000, 45(1)：81—112.

[96]Venkatesh V., Davis, F.D.. A Theoretical Extension of the Technology Acceptance Model: Four longitudinal field studies[J]. *Management Science*, 2000, 46(2)：186—204.

[97]Wetzels M., Ruyter K.D., Bloemer J. Antecedents and Consequences of Role Stress of Retail Sales Persons[J]. *Journal of Retailing and Consumer Services*, 2000, 7(2)：65—75.

[98]Yin R.K. Case Study Evaluations: A Decade of Progress?[J]. *Heidelberg: Springer Netherlands*, 2000(49)：185—193.

[99]Dutton J.E., Ashford S.J., O'Neill R.M., et al. Moves that Matter: Issue Selling and Organizational Change[J]. *Academy of Management Journal*, 2001, 44(4)：716—736.

[100]Garfield M.J., Taylor N.J., Dennis A.R., et al. Modifying Paradigms——Individual Differences, Creativity Techniques, and Exposure to Ideas in Group Idea

Generation[J]. *Information Systems Research*, 2001, 12(3): 322—333.

[101]Howell J.M., Shea C.M., Individual Differences, Environmental Scanning, Innovation Framing, and Champion Behavior: Key Predictors of Project Performance[J].*Journal of Product Innovation Management*, 2001, 18(1): 15—27.

[102]Moreau, C.P., Lehmann, D.R., Markman, A.B.. Entrenched Knowledge Structures and Consumer Response to New Products[J]. *Journal of Marketing Research*, 2001(38): 14—29.

[103]Schulz M. The Uncertain Relevance of Newness: Organizational Learning and Knowledge Flows[J]. *Academy of Management Journal*, 2001, 44(4): 661—681.

[104]Sheabb C.M.. Individual Differences, Environmental Scanning, Innovation Framing, and Champion Behavior: Key Predictors of Project Performance[J]. *Journal of Product Innovation Management*, 2001, 18(1): 15—27.

[105]Benner M.J., Tushman M. Process Management and Technological Innovation: A Longitudinal Study of The Photography and Paint Industries[J]. *Administrative Science Quarterly*, 2002, 47(4): 676—707.

[106]Clegg C., Unsworth K., Epitropaki O., et al. Implicating Trust in the Innovation Process[J]. *Journal of Occupational & Organizational Psychology*, 2002, 75(4): 409—422.

[107]Tierney P., Farmer S.M. Creative Self efficacy: Its Potential Antecedents and Relationship to Creative Performance[J]. *Academy of Management Journal,* 2002, 45(6): 1137—1148.

[108]West M.A.. Sparkling Fountains or Stagnant Ponds: An integrative Model of Creativity and Innovation Implementation in Work Groups[J]. *Applied Psychology*: An International Review, 2002（51）: 355—387.

[109]West M.A.. Ideas are Ten a Penny: It's Team Implementation Not Idea Generation that Counts[J]. *Applied Psychology: An International Review*, 2002, 51:411—424.

[110]Benner M.J., Tushman M.L.. Exploitation, Exploration, and Process

Management: The Productivity Dilemma Revisited[J]. *Academy of Management Review*, 2003, 28(2): 238—256.

[111]Bettencourt L.A., Brown S.W.. Role Stressors and Customer oriented Boundary spanning Behaviors in Service Organizations[J].*Journal of the Academy of Marketing Science*, 2003, 31(4): 394—408.

[112]Pollock T.G., Rindova V.P.. Media Legitimation Effects in the Market for Initial Public Offerings[J].*The Academy of Management Journal*, 2003, 46(5): 631—642.

[113]Reitzig M. What Determines Patent Value?Insights From the Semiconductor Industry[J]. *Research Policy*, 2003,32(1): 13—26.

[114]Zhou J., Shalley C.E.. Research on Employee Creativity: A Critical Review and Directions for Future Research[J]. *Research in Personnel & Human Resources Management*, 2003, 22(03): 165—217.

[115]Anderson N., De—Dreu C.K.W., Nijstad B.A.. The Routinization of Innovation Research: A Constructively Critical Review of the State of the science[J]. *Journal of Organizational Behavior*, 2004, 25(2): 147—173.

[116]Howell J.M., Boies K. Champions of Technological Innovation: The Influence of Contextual Knowledge, Role Orientation, Idea Generation, and Idea Promotion on Champion Emergence[J]. *Leadership Quarterly*, 2004, 15(1): 123—143.

[117]Shalley C.E., Zhou J., Oldham G.R.. The Effects of Personal and Contextual Characteristics on Creativity: Where Should we go From Here?[J]. *Journal of Management*, 2004, 30(6): 933—958.

[118]Atran S., Medin D.L., Ross N.O.. The Cultural Mind: Environmental Decision Making and Cultural Modeling Within and Across Populations[J]. *Psychological Review*, 2005, 112(4): 744.

[119]Dulaimi M.F.. The Influence of Academic Education and Formal Training on the Project Manager's Behavior[J].*Journal of Construction Research*, 2005, 6(1):

179—193.

[120]Dailey L., Mumford M.D.. Evaluative Aspects of Creative Thought: Errors in Appraising the Implications of New Ideas[J].*Creativity Research Journal*, 2006, 18(3): 385—390.

[121]Dean D.L, Hender J., Rodgers T., et al. Identifying Good Ideas: Constructs and Scales for Idea Evaluation[J]. *Journal of Association for Information Systems*, 2006, 7(10): 646—699.

[122]Goncalo J.A., Staw B.M. Individualism Collectivism and Group Creativity[J]. *Organizational Behavior and Human Decision Processes*, 2006, 100(1): 96—109.

[123]Howell J.M.. Effects of Champion Behavior, Team Potency, and External Communication Activities on Predicting Team Performance[J].*Group & Organization Management*, 2006, 31(2): 180—211.

[124]Johns G. The Essential Impact of Context on Organizational Behavior[J].*The Academy of Management Review*, 2006, 31(2): 386—408.

[125]Lavie D., Rosenkopf L. Balancing Exploration and Exploitation in Alliance Formation[J]. *Academy of Management Journal*, 2006, 49(4): 797—818.

[126]Eisenhardt K.M., Graebner M.E..Theory Building From Cases: Opportunities and Challenges[J]. *Academy of Management Journal*, 2007, 50(1): 25—32.

[127]George J.M.. Creativity in Organizations[J]. *Academy of Management Annals,* 2007,1: 439—477.

[128]Ang S.H. Competitive Intensity and Collaboration: Impact on Firm Growth Across Technological Environments[J]. *Strategic Management Journal*, 2008, 29(10): 1057—1075.

[129]Nadkarni S., Barr P.S.. Environmental Context, Managerial Cognition, and Strategic Action: an Integrated View[J]. *Strategic Management Journal*, 2008, 29(13): 1395—1427.

[130]Rao R.S., Chandy R.K., Prabhu J.C.. The Fruits of Legitimacy: Why Some New Ventures Gain More from Innovation than Others[J].*Journal of Marketing*, 2008,

72(4)：58—75.

[131]Silvia P.J., Winterstein B.P., Willse J.T, et al. Assessing Creativity with Divergent Thinking Tasks: Exploring the Reliability and Validity of New Subjective Scoring Methods[J]. *Psychology of Aesthetics Creativity & the Arts*, 2008, 2(2)：68—85.

[132]Choi J.N., Chang J.Y.. Innovation Implementation in the Public Sector: An Integration of Institutional and Collective Dynamics[J]. *Journal of Applied Psychology*, 2009, 94(1)：245—253.

[133]Jong J.D., Hartog D.D.. Measuring Innovative Work Behaviour[J]. *Creativity & Innovation Management, 2010*, 19(1)：23—36.

[134]Kijkuit B., Ende J. The Organizational Life of an Idea: Integrating Social Network, Creativity and Decision Making Perspectives[J]. *Journal of Management Studies*, 2010, 44(6)：863—882.

[135]Choi J.N., Sung S.Y., Lee K., et al. Balancing Cognition and Emotion: Innovation Implementation as a Function of Cognitive Appraisal and Emotional Reactions Toward Innovation[J]. *Journal of Organizational Behavior*, 2011, 32(1)：107—124.

[136]Gilson L.L., Madjar N. Radical and Incremental Creativity: Antecedents and Processes[J]. *Psychology of Aesthetics Creativity & the Arts*, 2011, 5(1)：21—28.

[137]Hammond M.M., Neff N.L., Farr J.L., et al. Predictors of Individual level Innovation at Work: a Meta Analysis[J]. *Psychology of Aesthetics Creativity & the Arts*, 2011, 5(1)：90—105.

[138]Keller J., Loewenstein J. The Cultural Category of Cooperation: A Cultural Consensus Model Analysis for China and the United States[J]. *Organization Science*, 2011, 22: 299—319.

[139]Madjar N., Greenberg E., Chen Z. Factors for Radical Creativity, Incremental Creativity, and Routine, Noncreative Performance[J]. *Journal of Applied Psychology*, 2011, 96(4)：730—43.

[140]Plucker J.A., Qian M., Wang S. Is Originality in the Eye of the Beholder? Comparison of Scoring Techniques in the Assessment of Divergent Thinking[J]. *Journal of Creative Behavior*, 2011, 45(1)：1—22.

[141]Rosing K., Frese M., Bausch A. Explaining the Heterogeneity of the Leadership Innovation Relationship: Ambidextrous Leadership[J]. *Leadership Quarterly*, 2011, 22(5)：956—974.

[142]Venkatesh V., Bala H. Technology Acceptance Model 3 and a Research Agenda on Interventions[J]. *Decision Sciences*, 2008, 39(2)：273—315.

[143]Baer M. Putting Creativity to Work: The Implementation of Creative Ideas in Organizations[J]. *Academy of Management Journal*, 2012, 55(5)：1102—1119.

[144]Burris E.R.. The Risks and Rewards of Speaking up: Managerial Responses to eEmployee Voice[J]. *Academy of Management Journal*, 2012, 55(4)：851—875.

[145]Holman D., Totterdell P., Axtell C., et al. Job Design and the Employee Innovation Process: The Mediating Role of Learning Strategies[J]. *Journal of Business & Psychology*, 2012, 27(2)：177—191.

[146]Kissi J., Dainty A., Liu A. Examining middle Managers' Influence on Innovation in Construction Professional Services Firms: A Tale of Three Innovations[J]. *Construction Innovation*, 2012, 12(1)：11—28.

[147]Molinsky A.L., Grant A.M., Margolis J.D.. The Bedside Manner of Homo Economicus: How and Why Priming an Economic Schema Reduces Compassion[J]. *Organizational Behavior and Human Decision Processes*, 2012, 119(1)：27—37.

[148]Montag T., Maertz C.P., Baer M. A Critical Analysis of the Workplace Creativity Criterion space[J].*Journal of Management*, 2012, 38(4)：1362—1386.

[149]Mueller J.S., Melwani S., Goncalo J.A.. The Bias Against Creativity: Why People Desire But Reject Creative ideas[J]. *Psychological Science*, 2012, 23(1)：13—17.

[150]Silva N.D., Oldham G.R.. Adopting Employees' Ideas: Moderators of the Idea Generation Idea Implementation Link[J].*Creativity Research Journal*, 2012,

24(2—3): 134—145.

[151]Carnabuci G., Operti E. Where do Firms' Recombinant Capabilities Come From? Intraorganizational Networks, Knowledge, and Firms' Ability to Innovate Through Technological Recombination[J]. *Strategic Management Gournal*, 2013, 34(13): 1591—1613.

[152]Eggers J.P., Kaplan S. Cognition and Capabilities: a Multi-Level Perspective[J]. *Academy of Management Annals*, 2013, 7(1): 295—340.

[153]Im S., Montoya M.M., Workman Jr.J.P.. Antecedents and Consequences of Creativity in Product Innovation Teams[J]. *Journal of Product Innovation Management*, 2013, 30(1): 170—185.

[154]Kaufman J.C., Baer J. Cropley D.H., et al. Furious Activity vs. Understanding: How Much Expertise is Needed to Evaluate Creative Work?[J]. *Psychology of Aesthetics Creativity & the Arts*, 2013, 7(4)332—340.

[155]Kotha R., George G., Srikanth K. Bridging the Mutual Knowledge Gap: Coordination and the Commercialization of University Science[J]. *Academy of Management Journal*, 2013, 56(2): 498—524.

[156]Pierce, J.R., Aguinis, H. The Too Much of a Good Thing Effect in Management[J]. *Journal of Management*, 2013, 39(2): 313—338.

[157]Fast N.J., Burris E.R., Bartel C.A.. Managing to Stay in the Dark: Managerial Self Efficacy, Ego Defensiveness, and the Aversion to Employee Voice[J]. *The Academy of Management Journal*, 2014, 57(4): 1013—1034.

[158]Jiao H., Zhao G. When will Employees Embrace Managers' Technological Innovations? The Mediating Effects of Employees' Perceptions of Fairness on Their Willingness to Accept Change and its Legitimacy[J]. *Journal of Product Innovation Management*, 2014, 31(4): 780—798.

[159]Škerlavaj M., Černe M., Dysvik A. I Get By with a Little Help from My Supervisor: Creative Idea Generation, Idea Implementation, and Perceived Supervisor Support[J]. *The Leadership Quarterly*, 2014, 25(5): 987—1000.

[160]Wang C., Rodan S., Fruin M., et al. Knowledge Networks, Collaboration Networks, and Exploratory Innovation[J]. *Academy of Management Journal*, 2014, 57(2): 454—514.

[161]Diedrich J., Benedek M., Jauk E., et al. Are Creative Ideas Novel and Useful?[J]. *Psychology of Aesthetics Creativity & the Arts*, 2015, 9(1): 35—40.

[162]Kaplan S., Vakili K. The Double Edged Sword of Recombination in Breakthrough Innovation[J].*Strategic Management Journal*, 2015, 36(10): 1435—1457.

[163]Litchfield R.C., Gilson L.L., Gilson P.W.. Defining Creative Ideas: Toward a More Nuanced Approach[J].*Group & Organization Management*, 2015, 40(2): 238—265.

[164]Piezunka H., Dahlander L. Distant Search, Narrow Attention: How Crowding Alters Organizations' Filtering of Suggestions in Crowdsourcing[J].*Academy of Management Journal*, 2015, 58(3): 856—880.

[165]Von Den Driesch T., Da Costa M.E.S., Flatten T.C, et al. How CEO Experience, Personality, and Network Affect Firms' Dynamic Capabilities[J].*European Management Journal*, 2015, 33(4): 245—256.

[166]Berg J.M.. Balancing on the Creative Highwire: Forecasting the Success of Novel Ideas in Organizations[J]. *Administrative Science Quarterly*, 2016, 61(3): 433—468.

[167]Boudreau K.J., Guinan E.C., Lakhani K.R., et al. Looking Across and Looking Beyond the Knowledge Frontier: Intellectual Distance, Novelty, and Resource Allocation in Science[J]. *Management Science,* 2016, 62(10): 2765—2783.

[168]Choi J.I. The Cross Level Moderating Role of Open Communication Climate Between Individual Creativity and Champion Behaviors[J]. *Korea Association of Small and Mediumsized Enterprises*, 2016, 38(3): 73—95.

[169]Criscuolo P., Dahlander L., Grohsjean T., et al. Evaluating Novelty: The Role of Panels in the Selection of R&D Projects[J]. *Academy of Management Journal*,

2016, 60(2)：433—460.

[170]Haans R., Pieters C., He Z.L.. Thinking about U: Theorizing and Testing U- and Inverted U—Shaped Relationships in Strategy Research[J]. *Strategic Management Journal*, 2016, 37(7)：1177—1195.

[171]Mitchell R., Boyle B., Nicholas S., et al. Boundary Conditions of a Curvilinear Relationship Between Decision Comprehensiveness and Performance: The Role of Functional and National Diversity[J]. *Journal of Business Research*, 2016, 69(8)：2801—2811.

[172]Frederiksen M.H., Knudsen M.P.. From Creative Ideas to Innovation Performance: the Role of Assessment Criteria[J]. *Creativity & Innovation Management*, 2017, 26(1)：60—74.

[173]Lee E., Puranam P. The Implementation Imperative: Why One Should Implement Even Imperfect Strategies Perfectly[J]. *Strategic Management Journal*, 2017, 37(8)：529—1546.

[174]Perry—Smith J.E., Mannucci P.V.. From Creativity to Innovation: The Social Network Drivers of the Four Phases of the Idea Journey[J]. *Academy of Management Review*, 2017, 42(1)：53—79.

[175]Zhou J., Wang X.M., Song L.J., et al. Is it new? Personal and Contextual Influences on Perceptions of Novelty and Creativity[J]. *Journal of Applied Psychology*, 2017, 102(2)：180—202.

[176]Chan K.W., Li S.Y., Zhu J.J.. Good To Be Novel? Understanding How Idea Feasibility Affects Idea Adoption Decision Making in Crowdsourcing[J]. *Journal of Interactive Marketing*, 2018, 43: 52—68.

[177]Huang L. The Role of Investor Gut Feel in Managing Complexity and Extreme Risk[J]. *Academy of Management Journal*, 2018, 61(5)：1821—1847.

[178]Kannan—Narasimhan R., Lawrence B.S.. How Innovators Reframe Resources in the Strategy Making Process to Gain Innovation Adoption[J]. *Strategic Management Journal*, 2018, 39(3)：720—758.

[179]Mueller J., Melwani S., Loewenstein J., et al. Reframing the Decision-Makers' Dilemma: towards a Social Context Model of Creative Idea Recognition[J]. *Academy of Management Journal*, 2018, 61(1): 94—110.

[180]Clarke, N., Alshenaifi, N., Garavan, T. Upward Influence Tactics and Their Effects on Job Performance Ratings and Flexible Working Arrangements: The Mediating Roles of Mutual Recognition Respect and Mutual Appraisal Respect[J]. *Human Resource Management*, 2019, 58: 397—416.

[181]Lu S., Bartol K.M., Venkataramani V., et al. Pitching Novel Ideas to the Boss: The Interactive Effects of Employees' Idea Enactment and Influence Tactics on Creativity Assessment and Implementation[J]. *Academy of Management Journal*, 2019, 62(2): 579—606.

[182]Malhotra A., Majchrzak A. Greater Associative Knowledge Variety in Crowdsourcing Platforms Leads to Generation of Novel Solutions by Crowds[J]. *Journal of Knowledge Management*, 2019, 23(8): 1628—1651.

[183]Salunke S., Weerawardena J., Mccoll Kennedy J.R. The Central Role of Knowledge Integration Capability in Service Innovation Based Competitive Strategy[J]. *Industrial marketing management*, 2019, 76(1): 144—156.

[184]Casidy R., Nyadzayo M., Mohan M. Service Innovation and Adoption in Industrial Markets: An SME Perspective[J]. *Industrial Marketing Management*, 2020, 89: 157—170.

[185]Vinokurova N., Kapoor R. Converting Inventions into Innovations in Large Firms: How Inventors at Xerox Navigated the Innovation Process to Commercialize their Ideas[J]. *Social Science Electronic Publishing*, 2020, 13: 2372—2399.

[186]Wang C.H., Chin T., Lin J.H.. Openness and Firm Innovation Performance: the Moderating Effect of Ambidextrous Knowledge Search Strategy[J]. *Journal of Knowledge Management*, 2020, 24(2): 301—323.